仕事美辞

AYANA

双葉社

はじめに

若いときから世の中の道理や常識にうとく、ただ自分が納得できる方向を選んで生きてきた私は、ずっと世間知らずです。知らないことが多いから、まずは現場に飛び込んで実践する。ときに傷を負いながら、身をもって体感したことを血肉にしていくスタイル。別に自分のことを信頼しているとか、度胸があるというわけではなく、事前情報がなにもないからそれしかできないのだと思います。

問題が起こったり、危機的状況に陥ったりすると、いつも「どうすれば解決するのだろう」と考えてしまいます。私は結論が欲しいのです。だからおのずと取る行動も、結論を出したい、この先になにがあるか知りたいという方向性になるのかもしれません。

ところで、私はたまにSNSで質問を募り、それにお答えしますが、「生きかた」についてのものがかなり多く寄せられると感じています。もちろん美容にまつわるご質問もありますが、仕事のこと、キャリアのこと、人間関係のこと、つまり「自分の生きかたはこれでいいのだろうか」といった趣旨のお悩みをいただくのです。私は解決したがりですから、調子に乗ってホイホイ答えてしまうわけですが、これが自分でも勉強になります。これまでの経験に基づいて回答してはいるのですが、新しい視点をもらえるような感覚があるのです。

このやりとりを1冊にまとめてみたい。そう考えてできたのがこの『仕事美辞』です。みなさまから募ったお悩みに対して、私がエッセイでお返事する構成にしました。美辞麗句という言葉があるように、「美辞」には「美しい言葉」や「巧みな文句」という意味があり、そこには「きれいごと」のニュアンスが含まれています。他者である私が僭越ながらお答えするとき、きっとそこにはきれいごとが含まれてしまうでしょう。本当に本当のところは、悩んでいる本人にしかわからないものです。それでも私は私の立場から、ものごとの捉えかたをよい方向へ向けるための、きっかけ探しを諦めたくないのです。

きれいごとであっても、絵空事ではない。自分の経験から培ったものを頼りに、お答えという名の独り言を綴ってみました。もしそれがどなたかの意識にふと届き、よりよい変化の予感へと繋がったなら、それは身に余る光栄です。

もくじ

第2章　個性を活かす

第3章　時代の変化

第4章　他者と働く

第5章　自分を知る

1

働くってなに？

Q

私はいま学生です。
興味のある分野の研究がとても楽しく毎日が充実しています。
でも、来年からの就職活動を考えると憂鬱。
研究内容が具体的な職業に結びつきにくいからです。
いつまでもいまのままでいられたらいいのに……。
仕事って、なんのためにするのでしょうか。
なぜ働かなければいけないの？

——仕事とはなにか

仕事って、いったいなんなのでしょうね。その答えは人によっても異なるでしょうが、私にとって仕事がどういう意味を持つのか、それについて少し考えてみたいと思います。

仕事は「誰かのためになること」だと思っています。その仕事を通して、誰かに利益がもたらされるもの。そこに嬉しい気持ちや高揚感が生まれたり、売り上げが上がったり、学びを得たり。「誰か」はひとりの場合もあれば大勢の場合もあるでしょうが、その行為によって「誰か」のなんらかの欲が満たされるもの、と言えるのではないかと思います。

お金はエネルギーの象徴

あらゆる仕事を通して、人と人との間にエネルギーの交換が行われている、と私は思います。

人が生きるためにはエネルギーが必要です。息をしたり、眠ったりするだけでもエネルギーは消費されますから、私たちは定期的にエネルギーを補充しなければなりません。エネルギーを出して、入れるということを絶えずしているわけですね。

私たちは息をして眠るだけではなく、ものを考えたり、泣いたり笑ったり、歩いたり走ったりします。誰かと会話をし、関係を育んだりもします。活動を充実させるためには、もっともっと多くのエネルギーが必要になります。

仕事ってお金を稼ぐ手段でしょう、というのも一理あるのですが、そもそもお金自体がエネルギーの象徴なのだと思います。エネルギーは活力であり、資本とも言えます。同じ価値があるエネルギーを意識的に交換し合うのが、仕事なのではないでしょうか。

仕事の対価としてもらったお金は、その人の資本になります。それを使って美味しいものを食べたり、勉強したり、旅行に行ったりします。いっぽうで、その人がした仕事も誰か（個人や組織）の資本になっているのです。仕事が会計事務なら潤滑に組織が回るためのものとなり、歯科衛生士なら患者の快適な口腔衛生を手助けしていることになります。

人はエネルギーを交換し合って、人生を面白く豊かなものにしていっているのではないでしょうか。好きな人からの嬉しい言葉や、友人からのプレゼントも、素敵なエネルギーです。もらったら、同等かそれ以上のものをお返ししようと、きっと思うでしょう。上司に奢（おご）ってもらったら、いつか部下に奢る機会がやってくるように、もらった相手に直接返すとは限らないかもしれませんが、なんとなく等価交換を前提にしておくと、世の中が健全に回っていくように思います。「金は天下の回りもの」とはよく言ったものです。

お金を「資本主義の象徴」「災いのもと」と毛嫌いするかたがたまにいらっしゃいますが、お金それ自体は食べ物や親切な言葉などと同じ「生きるためのエネルギー」のひとつのかたちに過ぎないのではないか、と思います。恐れるようなものではないはずです。

必要なぶんを見極めることが理想

賃金のあるなしにかかわらず、誰かのために適切にエネルギーを使うことができれば、それは仕事だし、それによって有意義に生きていくことができるのではないかと思うことがあります。専業主婦が会社員の夫から「誰のおかげで生活できていると思っているんだ」と高圧的な態度を取られる残念なエピソードがありますが、専業主婦が家を守り夫の健康管理をするからこそ、夫は思い切り仕事をすることができているわけで、「誰のおかげって、私とあなたのふたりでしょう」と返すよりほかないと私は思います。専業主婦だって仕事をしているのです（もちろん）。

私たち人間がエネルギーを消費してしまう生き物である以上、どこからかエネルギーを得なければならない。その際に、与えてもらうだけということは、親の庇護下にある子どもでない限りは難しい。だから働くのではないでしょうか。

人間には欲がありますから、寝床と玄米さえあればそれで満足です、という人は少ないはずで、もっと美味しいものを、もっと楽しい時間を、もっと有意義な人間関係を、とより多くを望んでいきます。そのぶん、必要なエネルギーも大きくなっていくのだと思います。

しかし、やり取りするエネルギーが大きければ大きいほどいい、とも限らないはずです。きっと必要以上に大きすぎてしまうと、持て余したり、身体を壊したり、そのエネルギーを分けてほしい人が集まってきたりと、難儀なことも多いでしょう。自分が快適に扱えるエネルギー量はおそらく人によって異なり、人生のステージによっても変わってくるもの。それを見極めながら、健全なエネルギー交換ができているときは、きっと理想的な仕事ができている状態なのだと思います。

Q

ずっとやりたいと思っていた仕事に
就くことができましたが、
いざ働いてみると、
過重労働の割に対価がかなり低くて……。
このまま続けていいものか悩んでいます。

――対価をきちんともらうこと

対価が低すぎるのは考えものですよね。私は荒川弘先生の『鋼の錬金術師』（スクウェア・エニックス）が大好きでして、「等価交換の法則」を信じております。仕事は、したぶんだけの報酬が支払われるべきものと考えています。

ただ、その報酬というのが、必ずしもお金であるとは限らない。ここが面白いところでもあり、厄介なところでもあるのかなと。

ひと昔前、料理人や美容師のような仕事には、拘束時間がとても長いイメージがありました。仕込みや深夜の練習など、営業時間外の稼働が多いからです。でも、その時間にしか会得できないことが沢山あるわけで、その「学び」も報酬のひとつだと私は思います。人気のある雑誌編集部のインターン職などは、人脈を広げたり、現場仕事の経験をさせてもらえたりする。これも報酬です。きっと、就職に有利というポジション的な報酬もあるでしょう。

単純な給金にとどまらない、いろんな報酬があります。きちんと対価をもらえているかどうかについては、結局働いている本人の満足度ではかることしかできないのかなと思います。

「利用される側」に立たない

質問者さんが「労働の割に対価が低い」と感じてしまう理由に目を向けてみると、見えてくるものがあるかもしれません。それが同世代の平均年収と比べて低いなどの相対的な不満なのか、それとも自分が搾取（さくしゅ）されているように感じるという個人的な不満なのかで、大きく変わります。

前者であれば、金額だけで比べるのではなく、さまざまな報酬を考えたうえで、自分の満足度をはかってみます。隣の芝生は青く見えますから、一部だけを比較し結論を出すのは早計です。

いっぽう後者であるならば、職場を変えることを視野に入れる可能性が出てきます。たとえばいつまでも給与が支払われない、面接時に提示されていた労働条件と著しく異なるなど、なんだかおかしいぞという状況に心当たりがあるでしょうか。あるいは、自分の精神的・身体的な健康が脅（おびや）かされているような感覚がある場合も、黄信号です。

多く羨望の眼差しが向けられる仕事というのは、労働条件が過酷になりやすいものです。誰かが辞めても代わりの志願者がいるからです。それが行きすぎると、会社としてのモラルが下がったり、従業員がのびのびと働けなくなったりします。「やりたい」という気持ちにつけ込まれることがあるのです。そこに乗り続けることは、自分自身はおろか、業界全体の質の低下を招くことにも繋がります。

私のようなフリーランスの仕事では、報酬金額は自分で提示するか、相手から提示されるかのどちらかになります。相手からの提示額が著しく低い場合、これを「安いけど、私なんかに頼んでくれたのだから」と受け入れてしまうと、発注側に「この金額で頼んでも受けてもらえる」という事例を作ることになってしまい、結果、同業の人も報酬を低く設定される可能性が生まれてしまいます。そういったことは避けねばなりません。

なぜ、その仕事をやりたいのか？

身の振りかたを考える際に「なぜ私はこの仕事をやりたいと思うのだろう」ということについても、見直してみるといいかもしれません。その仕事が好き（憧れ）だからというのはもちろんとして、自分のどんなところをその仕事で活かせると思うか？　という視点も持ってみるんです。好きな服と似合う服が一致するとは限らないように、好きな仕事と自分の適性がマッチングするとは限りません。好きなことを諦めろという意味ではなく、関わりかたを見直してみるのです。

たとえば私は学生時代にメイクアップアーティストになりたくて、専門学校に行ったりモード雑誌や化粧品を見たり、当時は色々とやっているつもりではいましたが、いま思うと、どうしてメイクアップアーティストになりたいのかということについては、意外とそこまで真剣に考えていなかったフシがあるんです。「素敵だから」「モードの世界が好きだから」「このアーティストに憧れているから」……せいぜいそんなところで、こういった理由が悪いわけでは決してありませんが、単純にメイクアップのビジュアルやその世界の雰囲気が好きなら、そのジャンルの雑誌を作る編集者やジャーナリストを目指したってよかったし、化粧品のブランド作りや商品開発者を目指したってよかったのです。いまは幸運にも、多少なりとも近いお仕事をさせてもらえているわけですが、アーティストではなくこちらのほうが自分の特性に合っていると、つくづく感じます。

お給料の額だけではなく、いろんな視点から、自分にとって有益な仕事かどうかを見極めてみてください。有益な仕事なら、たとえいまは多少つらくても、その先に成長があると思います。

Q

仕事に対するモチベーションが低いです。
好きでもなく嫌いでもなく……。
要領はいいほうなので、そつなくこなしている状態です。
やりたいことがあって、
それを仕事にしている人が羨ましいです。

──できる仕事は向いている仕事

　仕事が好きでもなく嫌いでもない状態で、そつなくこなすことができている。これって、ある意味ではとても向いている仕事という気がします。好きでも嫌いでもないというのは、ひとつの理想的なかたちではないでしょうか。それについて特別な感情を抱かなくても続けることが可能であるため、ムラのない、一定の結果を叩き出すことがしやすいはずです。気持ちに左右されにくいんですね。毎日の歯磨きや着替えなどと同じような感じがします。

　しかも「要領がいい」という特性を活かすことができているのもすごいです。「そつなくこなす」のはもちろん誰にでもできることではないし、この質問者さんだって、仕事のジャンルによってはできないものもきっとあるはずです。それがいまはできているわけですから、だいぶ仕事としてしっかりと成立していると言えるのではないでしょうか。少なくとも、いまのお仕事についての才能は持っているし、向いていると考えてよいと思います。

好きだからうまくいくとは限らない

　かつて抱いていた将来の夢を叶えている人って眩しく見えますよね。幼い頃から一心にその道に励み、結果を残していく……なかなかできることではありません。羨ましく見えてしまうかもしれませんが、それはその人に「早めに将来の夢を思い描く」「夢に向かって努力する」という才能がたまたま備わっていたから、とも考えられます。それは「そつなくこなす」才能と同じというか……人によって持っている才能が違うというだけの話なのかなと。

また、好きなことを仕事にするなら「そつなくこなす」ことはむしろ難しいと思います。好きという気持ちは不確かで変わりやすいものだからです。頼りないという意味ではなく、変化しやすい、上下しやすい特性があります。好きになったばかりの人への恋愛感情を、一生そのまま持ち続けることが難しいのと同じです。好きという気持ちにどこまでも向き合う必要がありますし、好きという気持ちを律する努力も必要でしょう。好きを仕事にして活躍している人の後ろに、好きという気持ちだけでは続けられなかった人（要するにモチベーションを保てなかった人）も沢山いるはずなのです。

その点、好きでも嫌いでもない状態なら、平常心と程よい距離感がそこにあるため、天才的ハイスコアではないかもしれないけれども、一定のモチベーションを保つことは、そこまで難しくないと言えるのではないでしょうか。質問者さんはそれを全うしている印象を受けます。

頑張る期限を決めてみる

ただ、いまの状態ではモチベーションが低くて、仕事をしていてもつまらない、ということを問題視されているわけですよね。それは「達成感」や「緊張感」が足りないからではないでしょうか。ずっと同じ状態が続くと、退屈に感じてしまいますから。

そこでおすすめしたいのが、期限を決めることです。期限があると張り合いがでます。たとえば、もっと自分に合う職場を探してみるのもいいでしょう。思い切っていまの仕事を辞めてみるのもいいかもしれません。それをなんとなく考えず、期限を決めるのです。3カ月真剣に転職先を探してみる。あと1年はこの職場で頑張ってみる。10年とか1週間というような極端なものでなく、無理のない、でも少しだけ負荷があるような期限がよいです。決めたら、その期限が来るまで懸命に取り組みます。期限より先のことは考えすぎないことがポイントです。

そつなくこなせる以上のことが、いまの環境でできないかを考え、試してみる。あるいは、どこまでならそつなくこなせるのか、可動域を広げる試みをしてみる。小さな目標を立ててみるのもいいと思います。そのうちに、もっとこれが自分に向いているとか、好きなものだという発見だってあるかもしれません。

Q

就活中です。特にやりたい仕事がなく、
趣味に投資できる程度のお金が稼げたら
それでいいかなと思っています。
いっぽうで、こんな自分を雇ってくれる会社なんて
ないのではないかと不安になります。
もっと積極的にやりたいことがないとダメでしょうか？

――「やりたい仕事」の捉えかた

たとえば、自分になにかものすごい特技があって、その才能が思い切り発揮できて、周りからも一目置かれるような仕事があれば、いいなと思いますよね。そこまで極端でなくても、自分らしい仕事、自分に向いている仕事、自分がやりたい仕事をやっているという自覚がある人は、きっと幸せであろうと思います。希望の仕事に就けている人なんてひと握り、とも言われていますよね。

けれども、一口にやりたい仕事と言っても、意外とその意味合いはさまざまなのではないかと私は思います。もちろん特定の職種に憧れを抱いている、興味を持っている、そんな意識は「やりたい」を意味しますが、たとえば質問者さんのように「趣味に投資できる程度のお金が稼げる」というのも、立派なやりたい仕事の条件ではないでしょうか。

好きなことを優先するために、時間の融通が利く仕事や待遇のいい仕事を選びたいと思うのは立派な欲求ですし、その願望を抱くことが許されている状況は恵まれています。じゅうぶん「やりたい」を選んでいることになると思います。

ひとつひとつに能動的になる

だからぜひ、自分の気持ちに胸を張って、やりたい仕事を選んでみてください。自分が望む条件を満たす仕事先はきっとひとつではないでしょうし、それぞれに個性があるはずです。比較しながら、より「やりたい」と思えるほうを選んでいくことができるのではないでしょうか。やりたいことがないからしかたなくとか、就活の時期だから必要に迫られてしぶしぶ、といった受け身の意識を持つ必要はないと思います。

自分から選ぶということは、その選択に責任を持つということです。「やりたい」の枠組みを狭く捉えずに、いまの自分に描ける最大限の願望を素直に受け入れてみてください。「どうしてもやりたい」である必要はなく「こっちのほうがマシかも」でもいいんです。ただ、真剣に吟味して、その選択に責任を持つことが重要なのだと思います。そうすれば、なぜこの道を選んだのだっけ？　と悩んだときに、他責思考に陥るようなことがなくなり、さっぱりと過ごせます。

選んだら、今度はその就職先でどんなことが自分にできるのかを考えてみます。言われたことをやるだけではなく、なにか素敵なエネルギーを自分のほうから積極的に放つと決めるのです。明るく挨拶をするとか、決して悪口を言わないなどの決めごとをするのもいいと思います。

能動的に選び、その場の利を捉えたビジョンを持っている人に対しては、採用者側も「この人を雇いたくない」とは思わないはずです。

まずは、一生懸命やってみること

ご縁があって就職できたなら、もしそれが心からやりたいとは思えないような仕事であったとしても、とにかく一生懸命頑張って取り組んでみることです。

仕事そのものに意欲は持てず、報酬を得るためだけにしかたなくやっている。こういった意識が強くなりすぎると、自分の仕事を軽んじて手を抜いたり、やりたくない気持ちが続いたりという事態に陥ってしまうこともあります。「こんなの、たいした仕事ではない」と考えてしまうのですね。そうするとその仕事をやっている自分自身のことも誇れなくなっていき、他者の活躍を必要以上に眩しく感じてしまうことだってあるかもしれません。

報酬のためだけに働くのは全然ありですし、自分の仕事に興味を持てない時期があってもいいと思います。興味があるかどうかと、真剣に取り組めるかどうかは別問題です。

私は「職業に貴賤なし」という言葉が好きです。どんな仕事でも真剣に向き合えば、必ず課題や目標が見えてきます。そこに向かって努力していくことでしか得られない発見を通して、次第に特定のスキルや自己分析能力が身についていきます。そのうち、自分はどうやらこういうことが得意らしいぞとか、自分がやりたいのはこういうことかもしれない、といった新たな道筋がきっと浮かび上がってくるでしょう。それまではいまの「やりたい」の色合いを大切に、日々邁進していけばよいのだと思います。

Q

30代独身です。
故郷の同期会で集まるたびにそれぞれの家庭の話になり、
「そろそろ結婚しないの？」と訊かれるのがつらいです。

――幸せのかたちは人によって違う

アーユルヴェーダでは「人生とは、幸福を拡大させていくもの」と言われているそうです。今日より明日、今年より10年後のほうが、ずっと幸せが大きくなっていて然るべきという考えかた。私は年齢を重ねるたび、しみじみとその意味を噛み締めている気がします。

幸福とはなにか。これが結構難しいのですが、家庭を持っているとか、恋人がいるとか、友人が多いとか、勉強ができるとか、仕事ができるとか、お金を沢山持っているとか、そういったこと「そのもの」が幸福の定義とイコールになることはほとんどないように思います。もちろん、幸福を感じる手助けとなる可能性はあるかもしれませんが。

幸福ってもっと、個人の中に広がっていく感覚のようなもので、自分が自分らしくのびのびと過ごせているとか、自分のしたことが誰かの役に立っているとか、そういった「本来の自分であることによる嬉しさ」みたいなものが関係しているんじゃないかと思います。そして、それを感じられるのがどんなときかは、人によって大きく変わってくるのではないでしょうか。自分らしくいられる環境は人によって違いますよね。静かな環境が好きな人もいれば、大勢でワイワイするのが好きな人もいる。誰かのサポートをすることが得意な人もいれば、率先してアイデアを出すのが楽しいという人もいます。誰にでもぴったりとハマる幸福の絶対条件はないのです。

結婚や家族のかたちにも同じことが言えると思います。結婚しているほうが偉いとか、子どもがいるからすごいなんてことはありません。

常識は時代とともに変わる

世の中には目に見えない「透明なものさし」が沢山存在しているようです。この歳までには結婚しているべき、このくらいの収入があるべき、こういうファッションは、メイクアップはこの歳で卒業すべき。いわゆる常識と言われるようなものですが、この透明なものさしを正解の基準としてしまうことには注意深くなってよいと思います。よくよく吟味した結果、自分にフィットしていればもちろんいいですが、「自分が幸せを感じる条件」だと信じ込む必要はありません。

透明なものさしは、時代やムードによってなんとなく作られているものだと思います。たとえば、人気の仕事なんかもそうです。昔はYouTuberなんて仕事はありませんでしたし、5年後、10年後、どんな仕事が脚光を浴びるのかなんて誰にもわかりません。いまはそんな感じの時代だよね、というふんわりしたものだから実態はありませんし、透明なものさしに合わせてなにかを決めたとして、それがうまくいく保証などなく、不本意な結果になったとしても、誰も責任を取ってはくれません。

そんな頼りないものといまの自分を比べて、自分を至らないものと感じることは不毛な行為です。自分の個性や魅力を優先し、自分がどうしたら幸せを感じられるのかについて真剣に考えるほうが、ずっとずっと有意義ではないでしょうか。

価値観を確認してみる

「そろそろ結婚しないの？」と訊かれたときに、つらさを感じるのはなぜでしょう。そのわけを真剣に考えてみることで、つらさを軽減できるように思います。自分の選択に自分自身が深く納得していれば、なにを言われてもそんなには気にならなくなりますから。

もし「30代で独身であること」について、ほかでもない自分自身が不満を持っていて、私はこういう人と結婚して、こういった家庭を築きたいという具体的なビジョンがあるのでしたら、まだ到達するまでの過程にいるというだけ。より一層、真剣に目指せばいいし、その姿勢を適宜表明していけばいいと思います。

いっぽう、家庭を持つことについてそこまでピンと来ない、それよりもこれをしているときのほうが幸せを感じる、自分らしくいられる、そう思えることがほかにあるとしたら（たとえば仕事）、その事実を大切にしていいし、堂々と表明すればいいと思います。

人に変だと思われるのでは？　とか、私だけができていなくて人としてダメなんじゃないか？　などと思い悩む必要はないのです。自分にとっての幸せが、ほかの人にとっての幸せと同じとは限らないのですから、どちらが正しいということももちろんありません。自分とは異なる価値観の人がいる、ただそれだけです。

興味があるなら異なる価値観を鑑賞することも自由。ただし鑑賞するだけです。こういう考えの人もいるんだと学ぶ、自分との違いを楽しむ。ただそれだけでいいのだと思います。

w/ 小谷実由

私がやっていることで
誰かが喜んでくれたら嬉しい

【おたに・みゆ】１９９１年東京生まれ。14歳からモデルとして活動をはじめる。自分の好きなものを発信することが誰かの日々の小さなきっかけになることを願いながら、エッセイの執筆、ブランドとのコラボレーションなどにも取り組む。猫と純喫茶が好き。通称・おみゆ。著書に『隙間時間』（ループ舎）。J-WAVE original Podcast 番組「おみゆの好き蒐集倶楽部」のナビゲーター。

AYANAさん（以下**A**）　おみゆ（小谷さんの愛称）とはプライベートでも仲良くさせてもらっているし、トークイベントや対談のお仕事をしたこともあるけれど、「仕事」というテーマについて話すのは初めてだよね。

小谷さん（以下**小**）　そうですね。ひとつのテーマについて、掘り下げてじっくり話したことはないですね。今回は「仕事」にまつわる本になると聞いて、読む前から私のバイブルになりそうな予感です（笑）。

A　いやいや、畏れ多いです。さて、今日おみゆと話したいのは「働くってなに？」という、仕事の根本みたいなことについてなんです。まずは、おみゆがいまやっている仕事ってどんなものなのか、改めて伺ってもいいでしょうか。もちろんモデルや執筆など多方面でのご活躍は存じ上げているのですが。

小　モデルは20年目で、人生の半分以上をこの肩書きで生きてきています。ほかにエッセイを書いたり、商品をコラボレーションさせてもらって作ったり。あと、最近とても注力しているのが、話すお仕事です。

A　Podcastでゲストのかたと、好きなものについて話したりしてるよね？

小　そうです。その前にもラジオ番組で話す機会はあって、もともと好きで。最近少しずつ増えてきて楽しいですね。

A　多岐にわたって仕事をしている印象だけど、そのレパートリーは自分からやりたいと意思表示して増やしてきたのかな？

小　表立って「これがやりたい」と働きかけるのは、いままでは結構苦手で。SNSの発信や取材があるタイミングで「これが好き」っていうのは出していて、それが仕事に繋がるというケースがほとんどです。自分でやりたい！　と動いたのはPodcastが初めてかもしれません。企画書を作って、プレゼンして。あ、でも、そもそものモデルのオーディションも、自分からやりたいって言った記憶が。もちろん親が協力してくれたんですけど。

A　意外と意思表示はしているってことなんだね、素晴らしい。モデルになりたいと思ったのは、どんなきっかけで？

小　小学生の頃、勉強も運動もできないし、なんの取り柄もなくて、でも背は高かったから、近所の人に「モデルさんになったら？」って言われたりしていて。そのときは全然ピンときてなかったんだけど、洋服が大好きで、雑誌をよく見ていたんです。『ピチレモン』（学研 ※現在は休刊）に載っている可愛い洋服を全部着てみたい、でも全部なんて買ってもらえないし、どうしたらいいんだろうと思っていたら、読者モデルオーディションがあって。モデルになれば全部着られるかも？ って。

A 近所のかたの声がけがリフレインして繋がった感じ？（笑）

小 そう。でももちろんそのあとすんなりモデルになれたわけじゃなくて。そのオーディションはダメで、中1で大手事務所のオーディションを受けて面接まで行ったけどダメ、中2でもう1回受けて、それも面接まで行ったけどダメだった。もう私の夏は終わった……って、甲子園球児みたいな気分でした。そうしたら、その事務所から所属してレッスンを受けないかと打診されて。そこからがスタートでした。

A 諦めない姿勢もすごいし、若い頃からやりたいことが決まっているのもすごいね。私が一番真剣に「将来なりたいもの」を設定したのは高校生のときのメイクアップアーティストだけど、なんとなくかっこいいからとか、アーティストっぽいからとか、いま思えば理由が軽くて、自分が持っている資質みたいなものとの相性なんて全然考えてなかった。当時の私に声がかけられるなら、「本当にやりたいことかもう一度考えてごらん」って言うと思う。その一本気な感じ、憧れます。

失敗は繰り返さないことが大事（小谷）

A ところで、気が進まない仕事の依頼が来たときはどうしてる？

小 基本的にはやらないですね。依頼してくれた相手にも申し訳ないし、もっと適切な人がいるのでは、と思ってしまいます。納得のいく仕上がりになりにくい気もするし。AYANAさんはどうします？

A 私は割と受けてしまうほうかな。基本的にスケジュールが大丈夫なら受けたいと思ってる。シングルマザーってこともあって、納期が短かったり、夜の取材撮影や深夜の修正作業があるようなお仕事は受けるのが難しいのね。わがまま言っているぶん、選り好みできる立場にはいないから、いただけるものはありがたく受けたいという姿勢。あとは私にそんなにこだわりがないというのもあるかもしれない（笑）。

小 やってみなければわからないことも沢山ありますもんね。

A そうそう。来たものを流れでやってみたら、自分が想像もできないような地点まで飛べた、みたいなこともあるんだよね。人間関係が新しくできたり、別の仕事に繋がったり。でもまあ、気が進まないにもいろんな種類があるよね。

小 たとえばですけど、全然自分に親和性がないブランドのお仕事。モデルとしてお洋服を着る仕事はもちろんやりますが、自分のパーソナリティを出して、個人的におすすめしたり、スタイリングを提案して宣伝する、みたいな仕事になると、難しいなって。見てくださる人の信頼を裏切ることにもなるし。

A 自分を信頼してくれている人たちに対して、嘘はつきたくないよね。あとは、断りかたも大事なのかな。感情でやりたい、やりたくないっていうのだけを理由にしちゃうと相手にも失礼だから、確かにそれは無理ですねっていう、納得できる理由を説明するといいのかなと思います。

小 「気が進まない」って思うことも、若いときよりは格段に減りました。

A 経験を積むと、考えかたも柔軟になっていくよね。では次の質問。やりたくないけれど給料がいい仕事と、やりたいけれども給料が少ない仕事、選ぶなら?

小 どうしても選ばないといけないなら、やりたいけれども給料が少ない仕事かなあ。お金を稼ぐ方法はほかにもあるって思っちゃう。やりたい仕事ができるなら、私は追加でバイトしてもいいですね、全然。

A 確かに、私もライターとして独立するときにやっていけるか不安だったけど、すでにフリーでやっている友人から「お金はバイトで別に稼いだっていいんだし、なんとでもなるよ」って言われて納得したことがある。じゃあ、仕事で失敗したときはどうリカバリーしてる？

小　失敗したら、次で巻き返すしかないって思ってます。

A　具体的にはなにかアクションしているの？

小　「次はこうしてみよう」ってノートに書いています。Podcastの仕事で「こうしたほうが伝わるよ」と教えていただくことも多くて、メモしてますね。悩んだときは、マネージャーさんや夫に話します。このふたりは信頼を寄せるチームで、客観的な意見を言ってもらえるから。あとはAYANAさんの本『「美しい」のものさし』の一節にも助けられてます。

A　え！

小　「好きという気持ちはとても自由で、誰に気兼ねする必要もない、社会の常識とか、正義みたいなものと距離を置いてもかまわない、自分だけの聖域のようなもの」って箇所がすごく好きでタトゥー彫りたいくらい（笑）。

A　いや、そんなに？　でもありがとう、嬉しい。本当に。

小　あともう1冊、小原晩さんのエッセイ『これが生活なのかしらん』（大和書房）の一節「私は私を活かしたほうが良いらしい。教わったことを、どうやって私なりに実践するかが重要なのだ。働くことは学ぶことである」っていう部分。

A　わー、まさにだねぇ。

小　そんな言葉たちにも失敗したときには力をもらってます。

誰かのためになるなら、それは仕事（AYANA）

A　仕事をしていると、攻撃されることもあるのかなと思うけど、どう？　そういうときはどう対処しますか？

小　うん、ありますね。まずは落ち込みます。なんでこんなこと言われなきゃいけないんだろうってひとしきり怒りもするし。で、そのあとかわいそうって思う。

A　攻撃してきた相手に対してね。

小　もちろん、自分になにか非があったのかなってことについても考える。こんなことにならないようにするにはどうしたらいいんだろうって考えるけど、完全に回避するのは難しいんですよね。

A いろんな人がいるからね。私は会社員時代、周りから存在を無視されてる時期があってさ。デスクも倉庫みたいなところに私ひとりで。

小 え？ そんなことある？ いまだったら結構問題ですよ。

A すでに組織ができあがっているところに、キャリアもない私がポンと入った状態だったのね。なにこの子？ みたいな。だからとにかく認めてもらおうとなんでもやりました。お茶出しや電話対応、雑務も率先して。そのうち案外できるじゃんと思ってもらえたのか、口をきいてもらえるようになったんだけどね。だからといって、つらくても耐えるべきなんて言うつもりはない。そこで成し遂げたいことがあるなら、チャンスは掴もうよという感じ。

小 その場所じゃなくてもできることなら、そこにこだわる必要はないですもんね。

A そうそう。あと、「好きを仕事にしないほうがいい」っていう定説があるじゃない？ それについてはどう思う？

小 これはだいぶ人によりますよね。ただ、好きを仕事にすると、その好きなものとの関係性が変わっていく可能性があるとは思います。私にとってはそれが喫茶店でした。喫茶店が好きで、行くだけでワクワクして、ここにいるだけで楽しいって思っていて……。でも、仕事になる機会が増えることで、こういうふうに紹介したほうがいいのかなとか、ネタにできるところを探さなきゃとか、考えるようになってしまった。

A なるほど。純粋に楽しむことができなくなっちゃうのか。

小 お店のかたに迷惑をかけないようにとか、ここで挨拶しなきゃとか、気にすることが増えて。それは学びが多い状況とも言えるんですけどね。でも、これだけを追求する人にはなれないかもと思って、少し線引きしたのは事実。私にはほかにレコードや本や古着や……好きなものが沢山あるからそういうふうに思えたけど、これしかないってものとの関係性が変わってしまって、つらい思いをする可能性もありますよね。

A 仕事って責任が伴うものだからね。好きという気持ちを無邪気に、無責任に持っていればいい世界じゃないのは確かだよね。アイドルと息子では好きの種類が違うみたいな話で、前者には責任がないから、ちょっと冷めたり、追うのをやめたりするのは自由だけど、息子に対して飽きることは許されないわけで。仕事は後者のニュアンスなんですよね。だからそれを背負えるか？　みたいなことは一度考えたほうがいい。けど、そこがクリアなら仕事にしていくことはできるよね。

小　好きなことは仕事にしないほうがいい！　と決めつける必要はないですよね。

A　好きって興味があるということだから、興味がないものよりは、なにかを会得するスピードも速かったりするだろうし。好きと得意もまたちょっと違うから、自分が得意とすることを好きの世界でどう活かすのか？　みたいに考えられるといいのかな。

小　そう考えると、大事なのは覚悟っていう気がします。背負えるかどうかの覚悟。

A　では、好きなことややりたいことが特にないって人はどうすればいいと思う？

小　なんでもやってみることですかね。少しでも興味を持ったら一歩近づいてみる。検索してみたり、その世界の人を観察してみたり。自分がなにを見ているのかを見る、自分のことを知る意識を持ってみることからはじまる気がします。

A　確かに、自分がなにに興味を持っているのか、意識してみることは大事だよね。あとはやりたくないことを挙げてみるっていうのもいいよね。意外とやりたくないことはわかるじゃない？　そこに該当しないならやってもいいと思っているということかなと。

小　すごくいい誘導方法。あと、やりたいことがない状況にマイナスな感情を持ってほしくないですね。そのうち見つかるよって。

A　本当にそう！　やりたいことが最初から明確にある人のほうが珍しいし。気長に見つけていけるよね。さて、最後に一番訊きたいこと。おみゆにとって、仕事とは？

小　『プロフェッショナル 仕事の流儀』（NHK）みたいな質問だ！

A　あまりにも直球のやつね。

小　そうですね、仕事は自分の人格に近いというか。私が存在している意味そのものです。なんの取り柄もなかった私が、モデルをはじめてカメラの前に立ったときに、「あ、存在してる意味があるかもしれない」って思えたから。その実感が形を変えて広がって、いまの自分を作っているんですよね。

A　なるほど。それは小学生の頃の自分に向けたメッセージでもあるのね。

小 自分の存在を証明すること、それがずっと続いているだけ。私がやっていることで、誰かが喜んでくれたり、気づきを得るきっかけになったりしたら一番嬉しい。AYANAさんにとっての仕事はどういうものなんですか？

A 理想は、自分が得意とする能力を、世の中のために使うことかな。受け取る人がいる、それが役に立つという状況があれば仕事になると思っています。だからひとりではできないものだね。

小 相手にプラスのエネルギーを受け取ってほしいからこそ、こちらもいいと思ったことだけ、自信を持って発信できるものだけを扱っていけたらと改めて思います。

A 自分の存在が相手を喜ばせる、というのは本当に理想的な仕事のありかただなと、おみゆの話を聞いて思いました。自分にとっての仕事とは？　ってことについては、きっと私は一生考えていく気がするけれど、今日はそのヒントを沢山もらいました。

まとめ

・いまやりたいことがなくても大丈夫！
・必要なのは、背負える覚悟
・自分の存在が誰かへのいい影響になれば嬉しい

2

個性を活かす

Q

職場では猫をかぶり、自分の本性を隠しています。
プライベートは怒りっぽいところがあるのですが、
仕事においてはあまり自分の主張はせずに周りに合わせることが多く、
特に、上司が言ってほしそうなことを
（そう思ってなくても）言ってしまうんです。
自分に正直で、言いたいことをはっきりと言う同僚を
羨ましいと感じつつも、私にはできないなぁと思います。
こんな働きかた、よくないでしょうか？

――「正直だからいい」わけではない

きっととても優しいかたなのだろうと思います。自分さえよければそれでいいと考えるのではなく、場の空気や、周りの人の気持ちを尊重しているのでしょう。私は「言いたいことを我慢しない」側の、質問者さんの同僚のようなタイプです。こちら側の視点からお話しすると、質問者さんのその性質は素敵ですし、ぜひ大事にしていただきたいなと感じます。

言いたいことをはっきり言う人には、正直で嘘がつけないところがあるわけですが、この性質は別に褒められたものではありません。当の本人がすっきりすることが優先されているという、子どもっぽい側面があると私は考えています。正直であること自体は美徳とされますし、私もそれについて異論はありませんが、だからといって思ったことをなんでも無邪気に表現してしまうと、衝突が起こったり、誰かが傷ついたりすることもあります。正直な人には正直な人なりの課題があります。

だから、もっとあの人のようにならないといけないのでは、などと思い悩む必要はないのかなと思います。それよりも、自分の性質を活かしていくことを考えてみるのはどうでしょうか。

職場は舞台、かぶりもの上等

職場では自分の本性を隠しているということですが、別にそんなことはないと思います。質問者さんの優しい性質がしっかりと発揮されているからです。仕事は人生のすべてではないし、職場は趣味を楽しむための場所ではありません。プライベートの顔を見せる必要は、特にないと思います。もちろん、公表したいならそれもおおいに結構ですが、見せないのは自分自身を偽っている行為、と捉える必要はありません。人には色々な側面があるのだから、仕事とプライベートの顔（見せる側面）が違っていることだって普通にあるはずです。

また「同僚を羨ましく感じながらも自分にはできない」とありますが、できないのではなくやりたくないのだと思います。そこには必ず、仕事へのこだわりに関連する理由があるはずです。その理由や、やりたくないという気持ち自体を、質問者さんは大切にしていいのです。それも素敵な自分らしさなのだから。

「こんな働きかたでいいのだろうか」などと気に病まず、プライベートとは違った「職場キャラ」を極めてみるのもきっと楽しいです。猫をかぶる、いいじゃないですか。猫にも色々個性があるけれど、私に合うのはどれだろうと真剣に考えてみてはいかがでしょう。私は最初の職場が化粧品会社で、販売員として店頭に立っていたことがあるのですが、会社のマニュアルに「ショップは舞台であり、販売員は女優であると心得よ」とありました。身のこなしや言葉遣いに意識を巡らせるべし、ということかなと思いますが、要するにプライベートの気分のままではだめということです。演技をすることによってお店の空気ができあがり、お客様に価値を提供することに繋がるのです。

嘘をつかないためにできること

そのうえで、やはり嘘はなるべくつかないほうがいいと私は思うのですね。嘘とは、自分の意に反することを言ったりやったりすることです。そうした振る舞いを続けていくと、自分自身がどんどん苦しくなります。上司に対していい人であろうとするあまり、自分自身に対して誠実ではない状態が生まれてしまっているからです。

大切な人から誠実な態度で接してもらえないのは悲しいことではないでしょうか。これって本心だろうか？　と相手のことをいつも疑ってしまうようになり、心に小さな澱（おり）が溜まっていきます。次第に孤独を感じ、自信を失うこともあるかもしれません。誰よりも大切にしなければいけない自分自身に、そんな思いを抱かせるのはよくありません。

だから、たとえば上司になにかを伝えるとき、自分の意に反することではなく、自分の思っていることを、上司が言ってほしそうな部分を選び、トーンを整えて伝えてみる。上司の喜ぶ顔をゴールにするのではなく、誠実さをゴールにしていく。そんな心がけからはじめてみるのはどうでしょうか。自分の性質を活かしながら、嘘を少しずつ回避していくことは、きっとできるはずだと思います。

Q

同期に、仕事ができて性格もいい人がいます。
先日、私もエントリーしていたプロジェクトのチームに、
同期では唯一彼女だけが抜擢されました。
彼女の才能は認めているものの、正直悔しくてなりません。
なんでも持っている感じがしてずるい。
なぜ私はこんなに頑張っても冴えないのだろうと
やるせない気持ちになります。

——悔しさは、上昇気流に乗る前のサイン

自分よりも優れた才能を持っている人が目の前にいる。もし神様（のような存在）がこの状況を用意したのだとしたら、質問者さんに「悔しい」という気持ちを焚き付けるためにしたことなんじゃないでしょうか。

悔しさというのはとても健全な感情だと私は思います。いまの自分の未熟さを認め、なにくそと跳ね返して、前進できるパワーの源となるからです。この感情のなによりもいいところは、自分自身にフォーカスできる点。爆発的な機動力を手に入れたも同然です。あとは上昇するだけ。きっといまより高いところへと飛び立って行けるはずです。

もし、同僚の彼女が職場にいなくて、質問者さんの行く手を遮るものがなにもなかったとしたら、前進の速度や緊張感の度合いも、いまよりゆるやかなものになっていたのではないでしょうか。そこをブーストするために彼女がいるのだ、と考えてみてはどうでしょう。

ぜひ「どうせ私なんてなにをやってもだめだから」とか「やる気をなくしてすべてがどうでもいい」といったくさった気持ちに流れずに、その悔しさを大切にしてほしいです。

嫉妬は憧れに変えていける

いっぽう、「自分はこんなに頑張っているのにどうして」とか、「彼女はすべてを手に入れてい

てずるい」といった羨望や嫉妬の感情は、よくよく向き合い、整えてあげる必要があります。悪いほうに発展してしまうと、自分の成長が妨げられてしまうからです。こういった感情は、自分自身よりも相手にフォーカスしたものになりやすく、気づけば相手の失敗を願ったり、比較して自分を蔑（さげす）んだりするようになってしまう危険もあると思います。

ではどうすればいいかというと、嫉妬の感情を憧れの感情に変換するよう努力してみることをおすすめします。憧れというのは素敵な人に抱く感情です。「私がまだ成し得ていないことを先に達成している人」と彼女を捉えれば、きっと、悔しさという闘志はそのままに、彼女のことをリスペクトする気持ちが生まれ、次は越えてみせる！ とポジティブな意欲がわくはずです。

憧れの人には、自分が成長できるヒントが多く隠されています。同期として出会った相手を敬うのは少し恥ずかしいかもしれませんが、よいところをどんどん参考にさせてもらいましょう。そうして、自分の能力を磨いていくようにシフトしていけばよいのではないでしょうか。

自分だけの魅力を大切に

また、質問者さんが気づいていないだけで、同期の彼女にはないけれど質問者さんは持っている、独自の魅力や才能が必ずあるはずです。人知れず努力できるところかもしれないし、人の才能を発掘できるところかもしれない。あるいは、こうやってちゃんと悔しがれるところかも。いずれにしても、質問者さんが冴えない人なんてことは、あるはずがないのです。

誰かと自分を比べて、自分が劣っていると感じるときは、ごくごく限られた一部分にだけ光を当てて比較してしまっている可能性が高いと思います。気になってしまうのはわかりますが、人の個性は多面的なもので、見えている世界がすべてではないということはお伝えしたいです。

そもそも、このプロジェクトにエントリーされていたということは、質問者さんにだって高い能力があるということですよね。現時点で彼女のほうが業績を残しているとしても、1年後はわかりません。もっとゆったりと構え、自分自身を信じてあげてください。

Q

転職活動をしたいのですが、
いまの職場が忙しすぎて、時間が作れません。

――制約は創造力を刺激する

やりたいことがあるのに、時間がない、お金がない、チャンスが巡ってこないなど、なにかしらの不遇な状況にあるとき、意外とその制約がバネになることがあります。じゃあこの逆境をどう乗り越えようかと考えられる人が、結局のところ先に進み、結果を残すのではないかと思います。不自由を不利なことと捉えずに、どう工夫するかの条件と考えてみるのはどうでしょうか。

たとえば、目の前の風景を絵に描こうとしたとき、Aさんは100色の絵の具を持っている。いっぽうBさんは赤、青、黄、白の4色しか持っていない。より工夫の余地があり、創造性を発揮できるのはどちらか。私は後者ではないかと考えます。100色も用意されていると、その100色をどうコントロールして使うかの範囲でしか物事を考えられなくなりそうですが、4色ならそれぞれをどう混ぜ、掛け合わせるかでさまざまな色を生み出せます。4色すべてを活かしきって、無限の可能性を探していけるのではないかと思うのです。

文章を書く場合にも、文字数や文体を決めるなど、あえて制約を設定することで創造力を試す方法があります。制約が思考や考察のヒントをくれるのです。

忙しいときの心理状態について

特に時間は、使いかたで速度実感が大きく変わるもののように思います。時間がなく忙しくしている中で、どう工夫してみるのか――考えてみる価値はおおいにありそうです。

忙しいという字は「心を亡くす」と書きます。これは、忙しい状態に心が打ちのめされている状態と言えそうです。心が主導権を握って忙しさを味わっているのではなく、忙しさという荒波に翻弄されている、だから身動きがうまく取れず、時間がないと感じるのではないでしょうか。

反対に、とんでもなく忙しいはずなのに、多くのことができる人もいますよね。心を亡くしてはおらず、自分で忙しさをコントロールできているからではないでしょうか。心のほうが忙しさを飼い慣らしている状態なら、時間を捻出することはきっと難しくありません。

私には、過去に離婚を考えたとき、自分ひとりで息子を育てることに大きな不安を抱き「なにか新しい仕事を増やしたほうがいいのでは」と非常に焦った経験があります。そのとき、ある友人から「余裕がないときは新しいことをはじめないほうがいい」と助言をもらい、思いとどまりました。その友人にはいまでも感謝しています。渦中にいるときは足りない部分ばかりに目が行き、ついついあれもこれもと不安になっていましたが、冷静に考えれば、状況に翻弄されているときに新しいことをはじめても、理知が正常に働かずうまくいかなかっただろうと思います。

キャパシティを考える

新しいことに手を出すときは、ふたつの余裕が必要なのだと思います。ひとつは時間やお金などの物理的な余裕、もうひとつは心の余裕です。時間さえあればと思っていても、いざたっぷり時間ができたら実行できるかというと、意外とそううまくはいかなかったりするのですよね。しかし心の余裕さえあれば、創造性を発揮することができ、物理的な余裕は作り出せるように思います。

心が健康なら、必要／不必要の見極めもしやすく、ジャッジのスピードも速くなります。無駄に感じられるもの（たとえば過剰な仕事）を回避するよう動くこともできるでしょう。しかし心が忙殺されているとそうはいきません。冷静に判断することが難しく、なにが自分にとって大切なのかが見えにくくなります。

忙しすぎると人は身体を壊しますが、これは身体から心への警告と言えます。理知がうまく働いていないから休息の必要性が軽んじられたままになっており、強制的に休むようアラートがかかるのです。転職活動ができないほど忙しい状態では、いつかこうなってしまうのではないでしょうか。倒れてしまったら元も子もありません。その前に切り捨てられるものはないでしょうか。

いやいや、自分の理知は正常だし心は忙殺されていないよ、ただ時間がないだけだよということなら、それなりに充実しているということであって、転職の必要はそもそもないのかもしれません（少なくとも現時点では）。それでも最優先事項は転職ですということなら、思い切って先にいまのお仕事を辞めてみるのもひとつの方法ではないでしょうか。強制的に余裕を作るのです。

キャパシティは人それぞれです。ふたつの余裕、特に心の余裕を持つために、いまの自分になにができるのか。まずはそこから考えてみてはどうでしょう。

Q

フリーランスで働いています。
先々の収入面が不安で、
やりたくない仕事が来てもしかたなく引き受けてしまいます。
そんな自分に、これでいいのかとモヤモヤしています。

――やらないことを決めておく

経験から申しますと、フリーランスの仕事において、やる仕事とやらない仕事の線引きをしておくことは重要です。

私はビューティライターとして仕事をしていますが、基本的に編集業はやらないと決めています。編集者とは、その媒体（雑誌やＷＥＢ、販促誌など）の方向性を決め、制作スタッフを集めて動いてもらい、ひとつのかたちにまとめていく立ち位置にいる人。いっぽうライターは、その媒体に掲載される文章を書く人です。

ライターには編集の仕事を兼任できるスキルのあるかたがとても多いです。編集者とフォトグラファーとか、編集者とスタイリストを兼任するようなかたはあまり見かけませんが、編集者とライターはとても密接な関係にあるというか、かなりシームレスです。

そのため、ライターなら編集もできるだろうとご期待いただくこともあります。その場合は丁寧にお断りしています。

やりたくないのはなぜか

編集のお仕事は何度か経験させてもらっており、自分には向いていないなと感じたことが、受けないと決めた理由です。

たとえばメイクアップのビジュアルページを作る場合、フォトグラファー、スタイリスト、ヘアメイクアップアーティスト、モデルなどのスタッフを手配する必要があります。全員のスケジュールを把握しながら撮影日を決めたり、スタッフ全員が気持ちよく働けるように気を配ったり、撮影商品をブランドから借りたり、成果物が完成したら請求書の手配を各所に依頼したりと、とにかく編集業は調整事項や気苦労が多いです。

私は気を揉むことが多いとほかの仕事がおろそかになり、パフォーマンスが落ちます。たとえばいつまでもモデルが決まらないとき、なんとかなるさと構えていられません。早く決着をつけたい、どうしようどうしようと考えてパニックになってしまうのですね。いくつもの企画を並行して手がけている編集のかたも沢山いますが、どう処理されているのだろうと不思議でなりません。その点、ライターは気楽です。用意された場所でのびのびと文章を書けば、それでいいのですから。私は、ライティングの仕事ならいくらでも掛け持ちできます。

編集業をやらないと決めるのは、最初勇気がいりました。「ライターのくせに、編集の仕事ができないなんて使えない人」「ライターも満足にできないのに、仕事を選ぶなんて何様？」などと言われたらどうしよう、仕事も減ってしまうのではないか、と怖かったから。

でも、蓋を開けてみるとそんなことはありませんでした。編集も兼任できるライターが必要な案件は打診されなくなり、そのぶんライターとしてのお仕事をしっかりといただけるようになりました。なによりも書くことに集中できて精神衛生が良好に保たれましたし、自分の仕事のスタイルが定まり、個性も確立できたように思います。

笑いたいときに笑うための努力を

「本当はAだと思っているのに、Bとして振る舞う」といったシチュエーションは少なければ少ないほどいいように思います。それはたとえば、別に面白くもない話なのにみんなが笑っているから合わせて笑っておく、というようなことです。

つまらなそうにしたほうがいいと言っているわけではないんです。自分は面白く思えなくても、笑っている人たちを微笑んで眺めることはできます。場の雰囲気を損ねないよう、表現に気を配ることは大切です。ただ、自分の感情をごまかさないほうがいいです。好きでもないものを好きだと言っていると、周りはよかれと思ってそれを勧めてくるかもしれません。「本当はそうじゃないのに」というもので環境ができあがってしまうと、身動きが取れなくなります。そうならないためにも、正直であることです。

やりたくない仕事と一口に言っても色々あります。感覚的な嫌悪感だけで捉えるのではなく、なぜ自分はその仕事をやりたくないと思うのか、自分の適性やブランディングと照らし合わせた上でロジックを見出し、線引きしておくことが大切だと思います。

「やりたくない」は単なる感想ですが「やらない」は決意です。確固たる理由を持ち、自分の気持ちに正直に、誠実に仕事を受けていく。これを心がけ、続けていけば、本来の自分に合う環境に、少しずつ周りが変わっていくのではないかと思います。

Q

40代です。
特に目立つ資格もなく、これといった才能もなく、
結婚をしているわけでもなく。
ここまでずっと、派遣社員として平凡に働いてきてしまいました。
年齢のこともあるし、
これ以上自分の伸びしろがあるとは思えず、
この先の人生に不安ばかりを感じてしまいます。

――自分らしさを定義しすぎないこと

生きかたを考えるとき、自己分析することはとても大事です。でも、自分の能力の限界を変に自分で決めすぎる必要はないと思うんです。「自分らしさ」という言葉があり、その把握や確立に重きが置かれる昨今ですが、「私はこういう人間」というラベリング、とりわけネガティブな方向のラベリングは、呪縛のようなものにもなりかねないと私は思っています。

いまは自分らしさ構築のお手伝いをしますと言わんばかりに、WEBでも書籍でもアプリでも、自己分析ツールが沢山ありますよね。それらから導き出された結果には、もっともな部分ももちろんあるでしょうが、あくまでも自分自身の一部分であると受け止めるくらいがいいのだと思います。参考にするのは構いませんが、言いなりになってしまってはいけません。

自分で自分を定義する、ということも同じです。人は生涯を終えるまで、変化し成長していく生き物ですし、自分らしさは他者（人とは限りません）との関わりを通して磨かれていくものだと思います。現時点の自分像がこの先永遠に変わらないなんてことはないのだから、「伸びしろがない」なんてどうか思わないでほしいです。そんなものは単なる思い込みです。

才能を持っていない人はいない

質問者さんが自分のことを才能がないと感じるのは、ほかの「質問者さん好みの」才能を持っている人と比較しているからではないでしょうか。世の中には素晴らしい才能を持っている人が沢山いますが、才能のありなしと、その才能が脚光を浴びているかどうか（「目立つ」かどうか）は、決して比例するものではないと思います。なにが言いたいかというと、質問者さんも必ず輝く才能をお持ちなのです。まだ自覚されていないだけです。

ここまでコツコツと働いてきたというエピソードだけでも、質問者さんの才能を感じることができます。たとえば、派遣という立場に折り合いをつけながら、やるべきことを継続できる安定感や処理能力。実際の仕事ぶりを拝見できれば、もっとほかの才能が明らかになる気がします。

あるいは、どんなときに「嬉しい」と思えるか。ここにもヒントがあります。人に感謝されたときなのか、それとも、自分が手がけたものが褒められたときなのか。自分の特性について意識して、誰かの役に立てようと振る舞っていくと、「自分らしい」道が開けていくかもしれません。

本当はやってみたいことがあるのだけれど、私には才能がないから……と目を向けないようにしていた世界があるのなら、誰にも遠慮することはないと思います。もちろん、いきなりオリンピック選手やスーパーモデルになることは難しいですが、悲観的にならずに、その世界をよく観察してみましょう。「そのものズバリ」ではなくても、自分の才能を活かした関わりかたがあるかもしれません。

物語は意外なところからはじまる

人生、なにが起こるかわかりません。転機はある日突然やってくるものです。それも、最悪な状況や、どん底の気分のあとに来ることが多いような気がします（私調べ）。

私は転職にあたり内定をもらっていた仕事先から「社内事情が変わってしまい、やっぱり雇えなくなりました」と言われ、破談になったことが2回あります（まったく別の時期です）。1度目はたまたま「うちで働いてみない？」と拾ってくださるかたが現れて転職でき、2度目は書籍の編集協力の仕事を打診していただく機会に恵まれました。書籍の仕事なんて、文章すらろくに書いたことがなかった私には遠い世界のことでしたが、図々しく「やります」と引き受けました。結果、書籍の仕事は10冊以上にわたり、私はライターを続けることができました。

フリーランスのライターとして書籍に携わることができるなんて、会社員時代は想像もしていませんでした（だって、内定した会社に転職すると思っていましたからね）。もちろん自分にそんな能力があるとも思っていなかった。ただ、機会が向こうからやってきたのです。

想像とは全然違った方向から道が開けることもあります。私がまだビューティライターと名乗っていない、それでも仕事は美容のことが多めという頃、ファッションやテック業界の友人たちが何人かいました。服や漫画、音楽など、趣味の話をするような気楽な関係の人たちです。ある頃から彼女たちが、メディアで活躍する編集者としてビューティの企画に携わるようになり「美容のことがわかる人はＡＹＡＮＡさんしか知らないから」という理由で、お仕事をいただく機会が何度かありました。とてもラッキーですよね。でも、そういったことは、あるものなんです。

人生、生涯を閉じるまで、なにが起こるかわかりません。尻込みせず、自分の可能性をいくらでも開拓する気持ちでいましょう、お互いに。

w/ 石田真澄

作り込まれたものより、そこに在る人、在る光を撮るのが好きなんです

【いしだ・ますみ】１９９８年生まれ。写真家。２０１８年２月、初の写真集『light years -光年-』を刊行。２０２２年には、夏帆写真集『おとととい』、八木莉可子写真集『Pitter-Patter』を撮影。雑誌や広告を中心に活躍している。

AYANAさん（以下A）　私はもともと石田さんのファンで、以前「OSAJI」でもご一緒させていただきましたが、仕事に対する姿勢にとても興味がありまして。学生時代から写真家としてご活躍ですが、いつ頃から写真に興味を持ちはじめたんですか？

石田さん（以下石）　中学1年生のときに、ガラケーで写真を撮るのが楽しいなと思ったのが最初です。そこから、中2の誕生日プレゼントでLUMIXのデジタルカメラを買ってもらって撮るようになりました。

A　どんなものを撮っていたの？

石　いまみんながスマホで撮るようなものですね。クラスメイト、食べたもの、出かけた先の風景とか。撮って友達にLINEで送ったり、画像加工してインスタグラムにあげたり。

A　うわあ、もうSNSがある時代なんだ。

石　そこからスマホを持つようになって、さらに写真が身近になりました。ただ写真を仕事にしたいとそこまで思ったことはなかったんです。当時から雑誌が大好きで、雑誌や広告、紙のものを作る仕事がしたいなと思っていました。マガジンハウスが好きで、バイトに応募したこともあるんですよ。

A　意外！　そこからどんな経緯で写真家に？

石　大学1年生の春に、インスタグラムを見た原宿ロケットギャラリーのスタッフのかたから「写真の展示をやりませんか？」と連絡がありました。同潤会青山にあったgallery ROCKETで、1週間展示をしたんです。

A　それはフィルム写真なの？

石　そうです。そして、その年の夏に編集者のかたが「写真集を作りませんか？」って連絡をくださって。写真集を出したのが2018年で、それが名刺代わりになって、自分の作風のイメージが伝わりやすくなり、仕事の依頼も来るようになりました。だんだん、写真を仕事にしたいなって思うようになっていましたね。その後少し就活もしたんですけど、結局途中でやめて、写真の道へ。

A　ご両親は驚かれました？

石　薬剤師の多い家系で、写真家なんて誰もいないので、ポカーンとされた記憶があります（笑）。ただ、反対されてはいないです。そういう世界もあるんだ〜、みたいな。

A　ニュートラルな反応だったんですね。そうして写真の道に進まれて、いまはどういったお仕事が多いですか？

石　特定の人物にフォーカスする撮影ですね。ファッション誌だとしても、ポートレートや「誰々が着る○○」のようにパーソナリティを出していくものが多いです。

A　石田さんの作風は「自然光」と「フィルムカメラ」のふたつが鉄板という印象で。

石　おっしゃる通りです。

A　たとえば、白ホリ（※）のスタジオでライティングを組んで、みたいな撮影もあるの？

石　そもそも、そういう依頼があまり来ないんですよ。

A　来ないんだ。もし来たら受ける？

石　そうですね……ここまで写真を撮ってきて思うのは、作り込まれたものより、そこに在る人、在る光を撮るほうが好きなんですよ。だから、計算されたライティングで撮ることはないです、基本的には。そんな私に、あえてそういった依頼が来る場合は、①いつもは自然光で撮る写真家がどうライティングして撮るかを見たい、②私の仕事や作風をまったく知らないで依頼している、のどちらか。そして後者の場合がほとんど。となると、スタートの時点でイメージの不一致が起きていて、結果いい仕事として実らないんです。

A　じゃあ、石田さんの作風が好きで、あえて今回は①の依頼を、というオファーなら、受ける可能性があるってことなのかな。

石　どうなるかわからないけれど、やってみようと思います。あえてオファーしてくださるっていうのはすごく嬉しいことだし、その人とじっくり話してみようとします。新しいことをやれるきっかけをもらったのだから、応えようって思えるんじゃないかな。以前「石田さんは動画を撮らないと思うんですけど、今回こういう理由があって、ぜひ撮ってもらいたいんです」という依頼があって、お受けしました。とても大変でしたが、ひとりじゃ行けないところに一緒に行ける、と思えて楽しかったですね。

A　最初から決めつけず、まずは話を聞いてみるんですね。カメラはデジタルを使うこともあるの？

石　基本はないです。これもライティングと同じで、やるべき理由があるならデジタルで撮ることもトライしようと思います。

A　なるほど。石田さんにとって大事なのは、ツールよりも撮るときの姿勢とか、向き合いかたのようなものなのかな。

石　人と長時間対峙して、関係性が変化していくことを見ていたい、という意識はあります。自分ひとりの作品集を作るのなら、きっと当たり前にフィルムを選択すると思いますが、仕事として誰かと一緒に作っていく場面でなら、新しい機材や新しい場所でやってみようと思います。

A 仕事をする相手や、被写体との関係性が大事なんですね。たとえば撮影中、被写体との関係性の変化に向けてなにかアクションをしているんですか？

石 特殊な技術を使っているわけではなくて、相手が心を開くのを待つ、開いたらそこに入っていくという感じです。しゃべりかけることもあれば、かけないことも。それは相手によるんです。どうやったらそのドアが開くのかな？ 引くのかな？ 押すのかな？ って思っています。

A そのやりとりが楽しい？

石 楽しい。とてもエネルギーを使うので、疲れますけど、楽しいです。写真集の撮影になると数日間一緒にいられたりするんですが、たとえば3日間の中で、相手の気持ちや関係性がどう変化していくかを見ているのが楽しい。誰かと長時間対峙するっていうのは、すごくやりがいのあることです。

A その軌跡が写真として残るんですもんね。

石 そうです。なにもなしで対峙するのは難しいけれど、写真という理由があるから、楽しいんです。撮りながらやっていくのがいい。

A コミュニケーションってことなのかな。

石 確かに、返すものとして写真があるのかもしれない。

A 人の気持ちの変化みたいなことが好きだなとか、見ていたいなと思うのは、昔から？

石 この仕事をはじめてからです。学生の頃と違って毎日違う人に会う環境なので、人によってコミュニケーションにおける距離感の変化が違うことに気づいて、それが面白くて。

A 自分が撮られるのは好きですか。

石 そんなに好きではないです。だからこそ思うのですが、写真撮影は撮る側と撮られる側が明確に存在するもので、撮る側が圧倒的に上に立ってしまえる行為なんですね。それは絶対に忘れないようにしないといけないなと。ある意味では暴力的なことだから。

A 撮っている側がコントロールできてしまうから？

石 そうです。見せかたを切り取れてしまう側。だからなるべく私が撮るときは、上に行きすぎないように。難しいことなんですけれども、対等でいられるよう意識しています。

「なにをやらないか」が個性を作る（AYANA）

A　仕事をしていて姿勢が対立することはありますか？　たとえば、アナログで撮っているのに、現場にクライアントの偉いかたが来て、その場で確認したいからデジタルで撮ってよ、って言われるとか。

石　あります、あります。

A　そういう場合はどうしているの？

石　その行為によって撮影現場の流れが止まってしまうのが一番困るんです。特定の人だけであれこれ相談して、モデルや現場の人はよくわからないまま待っている、みたいな時間をなるべく作りたくない。だから、どうしてデジタルで見たいのか、その理由を最初に聞いて、対策をしたいですね。

A　たとえばどんな対策を？

石　デジタルで確認したいのが画角なら、iPhone で事足りるのでそうしますし、ニュアンスが見たいならポラで対応するとか。わざわざデジタルで撮ってモニターを通して確認、ってやっていると時間がかかってしまうし、そういうことに時間を割いて、いい光を逃したりしたくないので、なるべく回避します。

A　やりたいことがはっきりしているからこそ、滞りなくやるための対策がちゃんと練られているんですね。早い段階で明確な解決策を提示できるなんて頼もしい。

石　フィルムだと現場で仕上がりを見ることができないから、そのぶん不安にさせないようにという意識は持っています。

A　私は「なにができるか、なにをやれるのか」と同じくらい「なにをやらないか」を決めるのが大事だと思っているんだけれど、石田さんのお仕事を拝見していると、すごく自分がやること、やらないことをはっきりと設定していらっしゃる印象を受けるんですよ。

石　その通りです。

A　それがとても石田さんの美しさを作り上げているなって。「やらない」ことを決めるのって勇気のいることだけれど、決めることでその人の個性が立っていくという側面もあるよね。

石　確かに、そぎ落とすことによってそうなるのかもしれません。

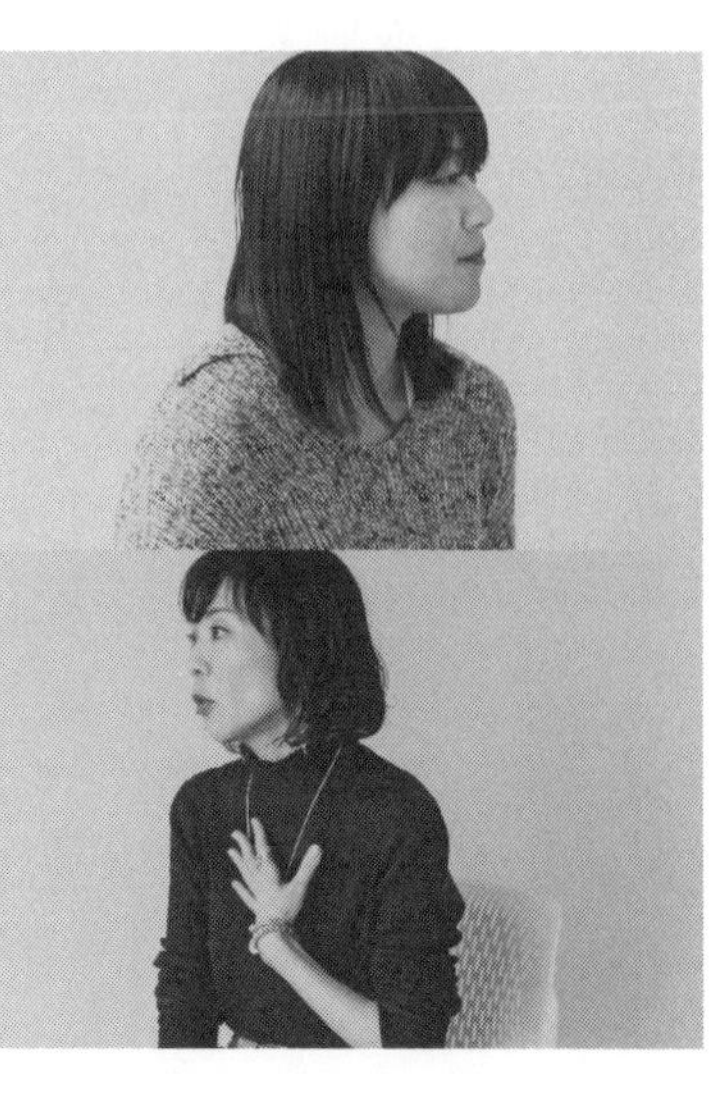

A 私の場合はライターだけど、編集のお仕事は基本的にお受けしないと決めています。編集者とライター、どちらもできる人は沢山いらっしゃるし、ワンセットみたいに思われることもあるけれど、私の中では全然違う仕事。だから私も石田さんみたいに、事前に「編集はできないですが大丈夫でしょうか？」と確認するようにしています。編集はお受けしないと決めたばかりの頃は、こんなことを言うなんておこがましいんじゃないかという不安もあったけれど、いまはそうしてよかったと実感しています。

受けていたら自分の首を絞めていたと思うので。

石 わかります。私、あと「フィルムで撮ってる女子写真家」のような取材も基本的にお断りしていますね。

A カテゴライズしてくる感じの？

石 そうですね。作風を型にはめられがちなので。トレンドやブーム、レッテルからは距離を置いて、仕事と作家活動を両立していきたいです。なるべく冷静な目を持っていたい。

変わることと、ブレることは違う（石田）

A 自分の作風の新鮮さをどう保っていくかについては考えますか？

石 写真をはじめた頃は変わることが怖かったので、絶対フィルムで、フィルムの色や種類も絶対に変えないとか、ずいぶんこだわっていたんです。ブレてると思われたくなかったし、自分の美的感覚にまっすぐでいたかったんですね。でも最近はやっと、「ブレ」と「変化」は違うから、ちゃんと変わっていきたいと思えるようになりました。それは仕事を通して実績ができてきたことが関係していて、新しいことをやったとしても、自分の軸はブレないな、という見通しのようなものが立てられたのかな。色々やってみてもいいんじゃないか、新しいことに挑戦してみたい、といまは思えています。

A 私は、自分の文章がいまのままでは絶対に飽きられるときが来る、という不安や予感がすごくあって。まるでいまは飽きられてないみたいなおこがましい表現になっていますけれども。10年後も同じことをやれるはずがないとは思っています。なにに挑戦したいかはまだ見つかっていないんですけどね。ところで、作風の話でいうと、誰かの表現を模倣することについてはどう思いますか。

石 写真に限った話ではなく、なにかをはじめるきっかけって誰かの作品や表現に触れて、いいなと思うからやってみたくなる。その流れはとても自然だと思います。作品に誰かを動かすほどの魅力が備わっているということも素晴らしいし、それが誰かに影響を与えていくことも素晴らしい。だから最初は「こういうふうに撮ってみたい」でいいと思う。でもいつまでもそれをやるのではなく、次のステップで「自分だったらどうするのか」と切り替えていくことが重要なのかなと思います。やっぱり、誰かがちゃんと見ているので。

A では最後に、写真家というお仕事のどんなところに魅力を感じますか？

石 写真の魅力って、自分が見ていたもの、自分の視線を共有できるところにあると思うんです。同じ空間にいても、人によって見ているところや感じていることが違うわけで、たとえば同じ景色を見ていても、ここが綺麗だと思うポイントが人によって全然違う。それを切り取って見せられるのはすごく素敵なことだし、さらにそれを仕事にして、あなたの視線、あなたの目で見た景色はいいね、と言ってもらえるのは、本当に光栄だし嬉しいことです。

A なるほど。切り取りかたが違うというのは、視線が違うということなんだ。

石 だから人が撮った写真を見るのもすごく好きです。友達何人かと旅行して、LINEでアルバムを作ったりするじゃないですか。人によって写真が全然違う。この子はこの写真を入れるんだ、とか、この子はこれをいいと思って撮っていたんだ、みたいに、2泊3日一緒にいたけど、全然違うものを見ていたんだって改めて思ったりします。

A それは、その人の視線を通してなにかを想像しているんですか？　気持ちとか。

石　そのときの、その人の感覚を想像していますね。あのときそっちを見ていたんだとか、みんなの後ろ姿を撮っているってことは、後ろにいたんだとか。ほかの写真家のかたが撮った写真でも、自分がそこにいることを想像して、私だったらこう撮るかもって思ってニヤニヤしたり、反対に、私だったらそこは発見できなかったかも、とか。悔しさとか嫉妬みたいなことではないんですけど。そんなふうに誰かの写真を見ていても面白い。面白い仕事だなって思います。

A　その石田さんの姿勢って、石田さんが写真家になるって宣言したときの、ご家族の反応に近いものがあるね。

石　確かにそうですね。そういう世界もあるんだ、みたいな距離感。親も私の撮った写真を、きっとそんなふうに見てくれるんじゃないかなと思います。

※白ホリ：撮影用語で白ホリゾントの略。ホリゾントは外光を遮断し、床と壁面のつなぎ目が緩やかな曲線で繋がっている空間を指し、白ホリのスタジオは、壁および床が白く塗られている。

まとめ

- ・型にはめられないように、冷静な目を持つ
- ・事故が起こる前に防ぐ対策をしておく
- ・最初は真似しても「自分だったら」を考えていく

3

時代の変化

Q

毎日、同じことの繰り返しでうんざりしてしまいます。
いつもの時間に家を出て、
いつもの場所で、いつもの顔ぶれで仕事をし、
いつものスーパーで適当なものを買って、帰って寝るだけ。
世の中明るいニュースもないですし、
冴えないまま一生が終わっていくと思うと、
なんてつまらない人生なんだろうと泣きたくなります。

——毎日の捉えかたは心次第

本来、昨日と今日はまったく違う日です。みんな1日ずつ歳を取っているし、天気だって季節だって変わっています。目の前の景色は一瞬ごとに新しくなっているんです。

なんて理屈っぽい話はともかくとして、「毎日が同じことの繰り返し」という意識が前提にあると、人生がつまらなく感じるのは当然だと思います。新鮮さに欠けるからです。

ただ、その新鮮さを同じような毎日の中で感じるのは意外と難しくない、とも思います。いつもと違う道順で歩いてみたり、スーパーで選ぶものを変えて新しいメニューに挑戦してみたり、挨拶のしかたを変えてみたり。小さなアクションから、なにかが生まれるかもしれません。

変化（新鮮さの素）がどこかから与えられるのを待っているよりも、自分から変化を起こしたほうが「話が早い」ことが多いです。仕事を変えるとか、遠くに移住するとか、そんな大きなことをしなくても（もちろんしてもいいのですが）、無理のない小さなことからでいいと思います。大切なのは、新しい変化を自分自身が能動的に選択しているという意識を持つことです。

決めつけているのは、自分の心

未来がどうなるかは誰にもわかりません。明日交通事故に遭うかもしれないし、運命の相手に出会うかもしれません。未知のことだらけです。というより確かなことって、いま目の前にある現実だけです。未来のみならず過去だって、実はとっても曖昧なもの。記憶は容易に改ざんされてしまいますから。どう捉えるかは、ほかでもない自分自身の心が決めているのだと思います。「冴えないまま一生が終わっていくと思うと」という捉えかたの中には、なにも確定事項がありません。これまでずっと冴えなかったというのは過去の自分に対する思い込みだし、この状態が一生続くというのは未来の自分に対する思い込みです。「私なんてこんなもんだから」と可能性やセルフイメージを自分で狭めてしまうのは、とてももったいないことです。

あるいは過去に誰かから、あなたなんてどうせこんなものでしょうと言われたことが、心に残ってしまっている場合もあるかもしれません。でもその人は間違いなく、あなたのすべてを知っているわけではないでしょう。そんな人に、勝手に「こんなもの」と決められていいはずがありません。たとえそれが親であってもです。

心のありようは、事象の捉えかたをあっさりと変えてしまいます。毎日が同じと感じられるのは、心が停滞状態だからではないでしょうか。それならば、前述の「能動的に起こした変化」を通して、あなたは停滞状態にあるわけではないんだよということを、自分自身の心に感じてもらうように努めてみるのはどうでしょうか。

同じ作業を一定の時間に行う規則正しい毎日というのは、本来、人の健康的なリズムを育むものだと私は思います。お寺の早朝のお勤めのようなもので、決まった時間にやらなければいけないことがあると、そこに向けて自然と心と身体を動かしていくことができるようになります。習慣は心身の軸や支えとなるのです。いまとは違う心のありようになったとき、うんざりしたものと捉えていた生活が、違って見える可能性は大きいと思います。

面白い人生について考えてみる

それから、自分にとって冴えまくった面白い人生ってどんなものなのか、一度真剣に考えてみるのはいかがでしょう。どんなことが思い浮かぶでしょうか。これはぜひ心が健康なときに考えていただきたいので、ぎゅうぎゅうの満員電車の中とか、眠い目をこすりながらの深夜のデスクとか、そういった状況で考えるのはおすすめしません。栄養をとって、たっぷり眠って、お気に入りの喫茶店かどこかで、美味しいお茶を飲みながら思いを巡らせてみてください。

お金があって、才能があって、友人が沢山いて……。たとえばそんなことを考えついたとします。それって、面白い人生なのでしょうか？　面白いとすると、いったいなぜ？　そこもぜひ詳しく、自分にインタビューするつもりで、明らかにしてみてください。

面白いというのも奥の深い言葉です。なにを面白いとするかは、人それぞれ、心次第なのですね。私は、面白い人生って自分で切り開いていくもののように思います。たとえば有り余るほどの才能やお金があっても、その活用がないままでは意味がありません。それを有効に使う場面を見つけていく、その過程に面白さがあるのではないでしょうか。

面白いというのは、退屈ではないということです。ならばそこには、変化や起伏、逆転のようなドラマが関わってくるはず。好転の前には不遇な状況があります。いまつまらなく感じられる毎日は、もしかしたら面白い人生へと踏み出すための布石なのかもしれません。

Q

いまの時代、
フリーランスと会社員のどちらを選ぶのが正解でしょうか？
それぞれのメリット、デメリットが知りたいです。

——フリーランスと会社員の違い

私が新卒採用の就職活動をしていた頃は（ちなみに就職氷河期世代です）おおむね「社会人になる＝企業に就職して会社員として働くこと」でした。終身雇用もまだ機能していましたし、副業なんてもってのほか。フリーランスという言葉も一般的ではなかったような気がします。

私はもともとメイクアップアーティストになりたいと思っていたので、専門学校に行ったり、ヘアサロンの面接を受けたりはしましたが、いわゆる新卒採用の企業を何社も受けるような就職活動の経験はありません。結局、アルバイト雑誌に募集要項を出していた化粧品会社に運良く就職し、その後何社かに在籍したのち、35歳でフリーになりました。正直、自分にはフリーランスより会社員のほうが圧倒的に向いていると思っていましたが、気づけば40代の終盤。過去のどの仕事よりも続いているところを見ると、そこまで悪くはなかったのでしょうか。

そんなわけで、会社員とフリーランス、どちらの経験もある立場から、それぞれのよさについて考えてみようと思います。

すべてを自分の采配で決めるのがフリーランス

フリーランスという働きかたには、基本的に枠組みがありません。どれだけ仕事を受けてもいいし、どれだけ休んでもいい。仕事の内容も、量も、質も、リズムも、報酬も、全部自分で決められます。というより、そうするよりほかありません。誰かが決めてくれることは基本的にないのです。条件を提示されることはもちろんありますが、それを受けるか断るかは自分次第となります。私個人の話をすると、ライターなので、仕事はほとんどが受注です。依頼されなければはじまりません。では依頼されるためにはどうすればいいか。それもすべて自分にかかっています。

フリーになってそれなりに経ったいまでも、どうしたら仕事を発注してもらえるのか、その明確な答えは見つかっていません。1カ月先のスケジュールは真っ白ということも少なくなく、これまでやってこられたのだからなんとかなるの精神で、たまに同業の友人に不安を吐露して慰めてもらいながら、かろうじてやっている有様です。そんなわけでとても偉そうなことは言えませんが、それでも自分ですべてを決められるというのは、ずいぶん気楽です。

会社員の頃は、なにかを手がけたり結果を残しても、私個人の実績にはなりませんでした。会社からお給料をいただいているのだから当然なのですが、いつも「自分がここにいる意味はあるのだろうか」などと甘えたことを考えていました。プライベートで人と会うとき、初めましての席で「なにをしている人ですか?」と訊かれる場面があると思うのですが、私はいつも自分の仕事を、どこまでが自分のやっていることなのか掴めず、うまく説明できないでいました。いまは違います。自分の仕事や考えていることについて、堂々と説明できます。

会社のために働くのが会社員

会社員だったときを思い返してみて、もっとも違いを感じるのが就業時間です。サービス残業等は置いておくとして、会社員は労働時間が決まっています。休日が保証され、産休や育休などのシステムも確立されており、産後10日から働きはじめた身としては、非常に羨ましく感じたものです。フリーランスも休むのは自由ですが、当然のことながらその間の収入はゼロとなります。よっぽどのことがない限りは定額の収入が保証されているのも、会社員の大きな魅力です。

ただ、会社員は仕事内容や所属組織を自発的に選ぶことが難しい面があります。持ち場が用意されていて、それをどう活かして発展させるかを考えるのが会社員、そもそもの持ち場を作り上げていくのがフリーランス、と言えるかもしれません。どちらにやりがいや楽しさを見出すかは、人によると思います。

私は会社員を経てからフリーランスになってとてもよかったです。フリーランスの立場では、自分の能力を活かしてクライアントの利益を考える、という仕事のしかたになり、クライアントの社風やミッションなどによって提案を変えたりしますが、このとき会社員時代の経験がずいぶん役に立っています。

会社員の頃は、給料はもらうのが当たり前、仕事は自己実現の場、くらいに考えており、上層部の方針と意見が異なったら言い負かしてやるくらいの気持ちでいました。いまはクライアントが抱えている課題をどう解決していくかという伴走の立場にあるため、対立するようなことはまずありません。そして、会社員時代の自分は仕事の発注者（会社）に対してなんと驕（おご）った態度を取っていたのかと恥ずかしくなり、仕事の意味がよくわかっていなかったと反省するのです。会社のニーズを汲みながら、自己実現を目指すことだってできたはずなのに。

Q

こんな仕事をしたいなという希望はあるのですが、
自分には到底その実力がないこともよくわかっています。
やってみなければわからないという気持ちと、
どうせ私なんて……という気持ちがせめぎ合い、
最後にはいつも、失敗して周りにバカにされるのが怖くなって、
考えるのをやめてしまいます。
一歩前に踏み出すにはどうしたらいいのでしょうか。

——やりたいことがあるってスーパーラッキー

まず、やってみたいことがあり、それにトライすることが可能な環境にある。これはとんでもなく幸運なことだと認識してほしいです。やりたいことがわからない人や、やりたいことがあっても制約があって不可能な状況に立たされている人が、この世界には沢山います。

「神様は、その人が乗り越えられる試練しか与えない」とよく言われます。個人的には同意しかねる部分もあるものの、その人が人生において手にするもの・遭遇するものには、その人に作用するなんらかの価値が宿っている、とは思います。願望もそのひとつではないでしょうか。

あれがしたい、これがほしいという願望は、ともすると単なるわがままや気まぐれとして捉えられてしまうかもしれません。しかし、それをほかでもないその人が抱くことに、理由や意味が必ずあると私は思います。願望を抱いた時点で、その先にある事象への道筋ができ（容易く進めないものだとしても、です）無関係ではいられなくなります。そこを無視したりぞんざいに扱ったりすると、道は断絶し、願望は絵に描いた餅で終わってしまいます。そうならないためにも、願望自体を自分の一部分であると捉え、責任を持ってみることが大切ではないでしょうか。

「自分の才能なんてこんなもの」は思い込み

ところで、質問者さんはなぜ「自分には到底その実力がない」と言えるのでしょうか。いっぽうで「やってみなければわからない」ともおっしゃっているので、この仕事にとことん向き合った上で失敗した経験があるわけではなく、まだそこまでなにかをやってみているわけではない（挑戦しているわけではない）状態にあるのではと推測します。

これまでの人生経験を集めて考察し「自分はこういう人間だ」と分析することは、ある意味ではとても大切ですが、必要以上にその結論に囚われると、可能性を縛る危険もあるということをお伝えさせてください。自分のものさしで見た現時点での自分像は、データベースとしてはたかが知れています。なぜなら、これからいくらでも成長し、変化していくからです。

私たちは生きていく過程で、できなかったものが、できるようになります。考えかたを深め、視野を広げていくことができます。才能は拡張するのです。少なくとも、その可能性は目の前に広がっています。生まれたばかりのとき、私たちは言葉を知りませんでした。でも、そこで「私は言葉を話す才能がない」なんて思う必要はないわけですよね。もちろん、遺伝的な要素や、生まれ育った環境が才能を秀でさせることはあるでしょう。しかしそれがすべてではありません。才能を正確にはかれるのは、自分の成長や変化が終わったときだけです。

バカにするのは羨ましいから

失敗することを想像してしまうのは、過去にとんでもない失敗をしたことがあるか、まだたいした失敗を経験していないか、そのどちらかが理由ではないでしょうか。

しかし、よく考えてみましょう。過去にとんでもない失敗の経験があるなら、なぜその失敗が起こってしまったのか、分析をすることができるはずです。原因がわかれば、対策を取ることができます。それなら、同じような失敗を回避することが可能ではないでしょうか。これは、失敗した人にしかできない素晴らしいことです。

また、たいした失敗をしていないのだとしたら、知らないから怖く感じてしまうのだ、と言えるでしょう。人は死を恐れますが、これは経験したことがないからなのではないか、と私は思っています。死ぬとどうなるのかをはっきり理解・説明することは難しいです。それはいまこの世を生きている人の中に、経験者がいないからです。死後の世界について語る人はいるかもしれませんが、それがすべての人間に当てはまる保証はありません。わからないことだらけだと、いくらでも怖い想像をすることが可能になるのです。

幸い、失敗は死とは違います。何度でもできる。生きながら誰にでもできることです。しかも失敗には、多大なる成長へのヒントが隠されています。だからどう転んでも、未来の自分のためになるのです。

質問者さんが万が一これから失敗したとしても、それが糧となる日が必ず来ます。もし失敗を笑う人やバカにする人がいたとしたら、それは心の底で、真剣に挑戦する質問者さんを羨ましく思っている証拠だと思います。未知なる世界に挑戦する姿勢は、とても眩しくて尊いですから。

心配しても、怖がってもいいんです。その気持ちすら貴重な経験となり、いつかなにかの役に立つでしょう。誰にでも開いているわけではない「可能性」という名の扉が、いままさに質問者さんの目の前で開いています。ぜひ一歩を踏み出してみてほしいと思います。

Q

私はどうしても役者になりたいです。
幼少期からずっと憧れてきました。
「最短」で「確実」に
夢を叶える方法が知りたいです。

――夢への最短距離について

これさえやっておけば最短で必ず役者になれる。そんな方法を私が知っているとして、ここに書いたら質問者さんは実践してくれるのでしょうか。「このブログの書きかたなら月収がいますぐ100万円アップ！」のような、疑わしいものとたいして変わらない印象になりませんか。

それはともかく、誰にとっても有効で確実な「夢を叶える方法」なんてものはこの世にない、と私は思っています。どんな人でも必ず痩せる魔法のようなメソッドがあったらみんなそれをとっくに実践しているし、世の中に新しいダイエット法は必要ないのではないかという気がします。それなのに日夜新しいダイエット法が、生まれては消えていっているわけです。

とても一般的で、地道で、時間もかかる方法が、結局は最良なのだというのはよくある話で、ダイエットも「よく身体を動かしつつ、甘いものやお酒を控えてバランスよく食べる」という面白くもなんともない方法が一番確実という気がします。でもそれが退屈で地味で面倒だから、いろんなダイエット法が生まれたり、流行ったりするのではないでしょうか。

達成している人にならう

これさえやればオッケー、というわけにはいきませんが、それでもいくつか、夢に近づくためのコツのようなものはあるように思います。

そこで思い当たるのが、「達成後の人に学ぶ」ということです。自分が抱いている夢をすでに実現している人をよく観察します。すでに役者として活躍されている手の届かないようなところにいる人なら、インタビューを読んだり、もちろん演技を研究したり、同じ事務所を目指してみてもいいでしょう。それよりももっと身近なところで先輩にあたる人がいるなら、積極的に交流を持つようにします。ひとりだけに陶酔するよりも、いろんな人を見たほうがよいですが、素敵だな、一流だなと思える人だけに絞ります。なにか悩み事がある場合も、そういった「成功している人」「達成している人」に相談するようにします。夢を実現するための手助けとなるヒントをもらえる可能性が高くなるのは明白です。

よいものに触れる、ということです。私がメイクアップアーティストを目指していた頃、スクールの先生に「アーティストになりたいなら、一流の道具を揃えてください。バイトでもなんでもして、生活を切り詰めてそのための資金を用意してください」と教わりました。一流と言われるものを見る。画像ではなく、実物を知る。そこで得られる情報は知らぬうちに血肉となります。自分の中にある意識や思考の癖のようなものが、理想の世界から得たセオリーを参考に構築されていくなら、そのぶん、夢に近づきやすくなるのではないでしょうか。

回り道にはヒントが落ちている

最短距離にこだわると、失敗や回り道をしなければならないことを恐れ、近道ばかりを探して、効率を優先するようになってしまいます。ですが、ローマは一日にしてならず。一歩一歩踏み締めて進むことによってつく実力に勝るものはないのではないか、という気がします。たとえば山の頂上を目指し、なるべく早く到達しようとロープウェイを使ったとします。これならとても早く頂上に着くことができるわけですが、頂上で出会うほかの人たちには、険しい山道を一歩ずつ、さまざまな困難を乗り越えて登ってきた実力が備わっています。なんの苦労もしていない人が、その人たちと渡り合っていけるでしょうか。

打たれ強さや忍耐力、難問を解決する力。これらは、トントン拍子に進むばかりの人生ではなかなか身につかないもののように思います。効率の悪い回り道や行き止まりに遭遇するからこそ、その局面をどう乗り切るかが問われ、試され、実力が磨かれます。歩む道が平坦でなければ、それだけその人自身の個性(集団の中で光るオリジナリティ)が豊かに作られていく、はずです。

以前、私の好きなアーティストが東京都現代美術館で初の個展をしたとき、そのおびただしい作品数について「東京都現代美術館で個展が開けるという未来がまったく約束されていない状態で、それでも作り続けられるかどうかだと思う」というようなことを話されていたのが記憶に残っています。時代も変わる、求められるものも変わるからこそ、自分の道を信じて目の前の一歩を踏み出し続けていく。たんたんと爪を研いでいくこと。それを習慣にすること。いつか突然やってくるチャンスにパッと乗れるように、基礎練を積み重ねておくことがきっと大事なんです。

Q

私はメモを手書きでとるほうが頭に入るのですが、「いまどき手書きの人っているんだ」と会社の人に言われ、なんだか恥ずかしくなってしまいました。時代に合わせてデジタルに切り替えるべきでしょうか。

――オワコンを気にしない

オワコンという言葉自体が使われなくなってきている気もしますが、オワコン＝終わったコンテンツの略です。終わった、すなわち「もう古いよそのコンテンツは。いまどき流行らないよ」ということですね。

しばしばこのことについて考えるのですが、「流行遅れ＝恥ずかしい」という図式はいったいどこから来たのでしょうか。確かに、かつて流行っていたものを改めて見てみると、ずいぶん古く、懐かしく感じられることはあります。ただそれが「恥ずかしいもの」になってしまうというのはいったいどういう理屈なのか、実はよくわからないままです、私は。

世の中的にいまっぽいかどうかより、それが自分にしっくり来ているかどうかのほうが何倍も大事だと思います。特に質問者さんは「手書きのほうが頭に入る」と自己分析できているわけですから、無理にデジタルにシフトする必要はまったくないのではないでしょうか。もし、デジタルを試したことがなくて、興味はあるのだけれども経験がなくて……ということなら、トライしてみる価値はあると思いますが。

好きなものに自信を持ってよい

「いまどき手書きの人っているんだ」という会社のかたの台詞についても「いまどき手書きなん

てオワコンだよね、絶滅危惧種じゃん」のような意味に取れなくもないのですが、もしかしたら「いまどき手書きなんて珍しいね！（そうなんだ！／いいじゃん！）」という、単なる感想というか、むしろ興味を惹かれたことによるコメントとも考えられます。

だから「いまどき手書きで、時代遅れですみません」みたいにへりくだった反応をする必要はまったくありません。「そうなんですよ！」と、手書きが自分にしっくり馴染んでいるということに堂々と自信を持てばいいのだと思います。その際に、自分は「デジタルよりも」手書きのほうが性に合っているから……みたいに、デジタルをわざわざ引き合いに出す必要もないのかなと。カレーライスが好きって話をするときに、ビーフシチューやハヤシライスといちいち比べたりしないですよね。

「古い」は儚(はかな)い概念

時代は常に変わっていきます。リバイバルという言葉がありますが、いま古いと感じられるものが、少し先の未来には新鮮に感じられる場合も多々あります。そして、いま新しく感じられるものもいずれ古くなっていくのです。その流れに翻弄され、自分に合ったものを手放すのはとてももったいないことです。

ただ、自分に似合うものはこれしかないと思い込み、新しい風をすべてシャットアウトしてしまうのもまた、もったいない行為のように思います。デジタルも試してみたら意外と面白く感じるかもしれないし、やっぱり私には手書きが合っているなと改めて実感するかもしれません。結論はどちらでもよく、検証してみたという過程に大きな意味があります。

大切なのは、そのものの魅力に焦点を当てることです。私たち人間は飽きっぽいところがあるから、いつも同じものだと退屈してしまい、もっと楽しいこと、もっと素敵なこと、もっと美味しいものを求めるところがあります。たいして性能は変わってないものに、まったく新しい名前をつけると、新鮮さをもって受け入れられ、いきなり流行することもありますよね。そんなふうにして私たちは、世の中を遊び、楽しんでいるのだと思います。

だからといって、よさを持っているものがすべて時代とともに淘汰されてしまうわけではありません。文字を書くこと、手書きで書き留めることに独自の魅力があるならば、それは尊重され、残っていくのだと思います。その魅力をしっかりと理解している人として、どうか誇りを持ってほしいです。

DIALOGUE

3

w/ しいたけ.

夢を目指すと、夢のほうからビンタを入れてきます

【しいたけ.】占い師、作家。早稲田大学大学院政治学研究科修了。哲学を研究するかたわら占いを学問として勉強。2014年から『VOGUE GIRL』で連載を開始、毎週月曜更新の「WEEKLY! しいたけ占い」で注目を集める。現在は週刊占い、半期占い、著書執筆のほか、「note」ではコラムも配信。

AYANAさん（以下**A**）しいたけ．さんが個人鑑定をされていた時代に、見ていただいたことがあるんですよね。おそらく2017年のはじめです。お会いするのはそのとき以来ですが、もちろん毎週「しいたけ占い」に励まされて生きています。もう個人鑑定はやっていないんですよね。

しいたけ．さん（以下**し**）そうなんです。いまは週刊占い、半期占いのほか、「note」でエッセイや月刊占いを書いています。執筆メインです。

A もともと、書くことはされていました？

し 実はすごく好きで。18歳くらいから日記を書いていて、いま75冊はあるんじゃないかな。友達がいなかったから、日記を通じて話をしてきたようなところがありまして。

A え、自分自身と？

し たとえば進路とか、これからどうすべきかみたいな悩み事があったとして、相談する相手がいないから、自分だったらどう答えるか考えて、結論が出るまで書き続けるんです。占いをやる前から、自動書記みたいなことをずっとやってきました。だから話すよりも書くほうが、表現のベースとして関係が深いんです。

A 占い師になるにはどうしたらいいのか、全然知らないんですけれども、しいたけ．さんはどのようにしてこの道に入られたんですか。

し 大学院で哲学を学んでいるときに占いに出合って。昔は国の政策が占いによって導き出されたりしていたと知って、面白いなと興味を持って、勉強していました。

A 趣味みたいな感じですか。

し そう。それからなんのビジョンもないまま就職活動をしたものの、ことごとく落ちて。途方に暮れながら、喫茶店で「自分になにがあるのか」を書き出したんです。そうしたらファミレスのバイトと占いの勉強があった。じゃあ占いを本格的に勉強してみるかとなって、紹介してもらった占い師さんのもとで勉強したり、インドにも行ったりして、オーラリーディングという占いの技術も学びました。色々な縁が開けていったんです。その後もバイトをしながら個人鑑定をしていたんだけど、あるときバイト先が潰れることになったんです。それで、占い一本で行こうと舵を切って。

A じゃあ、最初の仕事が占い師ってこと？

し そうなんですよ。社会人経験がない。

A それはすごい。で、その後『VOGUE GIRL』の「しいたけ占い」がはじまるんだ。

し　5年くらい個人鑑定だけやっていて、その後です。依頼をいただいたときは、12星座占いは書いたことがなかったんです。できるかな？　と思ったんですけど、やってみたら意外となんとかなったというか。

A　なんとかなって、はや10年。

し　本当はExcel初心者なのに、面接で「できます！」って言っちゃって、就職後に慌てて勉強する人みたいな感じ。リーディングで星座を占うのは初めてでしたから。

A　私も似たようなところがあって、書籍の仕事を依頼されて、経験がないのに、ついやりますって言ってしまって。でも結局10冊以上手がけることができました。勢いでやってみることも大事ですよね。

し　大事ですね、うん。もしなにかあっても、後から謝ればいいですからね。

A　しいたけ．さんが書かれる占いの文章は、1対1のコミュニケーションをしているような感覚になるというか……。気楽な感じの励ましをくれるので、多くの人がやわらかい気持ちになりながら助けられていると思います。心がけていることはありますか？

し　あ、僕のスタンスとして、見える世界にいる人たちはみんな、自分よりすごいし偉いと思って生きているんですよ。

A　「しいたけ占い」にも「あなたはすごいです」ってよく出てきますもんね。

し　それは自分を律して「そうあらねばならん」ってやっているわけじゃなくて本心から。自分が書かせてもらっている相手がすごいという前提を忘れないでいますね。リスペクトの気持ちは持っているし、もっと増やせるとも思うし。やっぱり皆、それぞれの事情を抱えて生きています。占いはその人の裏側に触れるものでもあるから、丁寧に扱っていきたいと考えています。

A　なるほど。じゃあ、喫茶店のマスターからカウンター越しに話してもらっているような、パーソナルな感じはどこから来るんだろう。

し　個人鑑定の経験は大きくて、各星座の占いをするときは、自分が一人ひとりを目の前にして接している感覚を持ち続けています。占いモードに入ったときって、普段の自分とは全然違うんです。特殊な呼吸で別人になる、不思議な感覚というか。

A　トランス状態みたいな？

し　まさにそう。自分じゃなくて後ろにいる誰かにしゃべってもらう感じ。わかりやすく言うと、架空のマツコ・デラックスさんに話を聞いてもらうときってあるじゃないですか。

A いや、ないかも。

し ですよね（笑）。これは誰からも同意を得られていない話ではあるんですけど。架空のマッコさんと交信して「いいのよ、あんたはそのままで」って背中を押してもらうみたいな。

A その交信の結果が占いとして現れるの？

し マッコさんはたとえ話ですが、オーラリーディングという占いを通じて架空の存在と交信して、その存在がしゃべり出すまで待つ、みたいなことをやっているんです。

夢とどつき合うのは楽しい（しいたけ．）

A いまは不安定な時代だからなのか、コスパやタイパを重視するなど、効率よく正解に辿り着きたいという価値観が強まっている気がします。しいたけ．さんはどう思われますか？

し それ、本当に感じます。昔がよかったという話では決してないんですけど、以前は答えに辿り着くまでの労力が、すごく大きかったような気がするんです。AYANAさんになにか相談することがあったら、住んでいるところに電車に乗って会いに行くわけじゃないですか。そこで時間を割いて話してもらったことは、自分の想像と違っていても、響くものがあると思うんです。いまは答えが身近にありすぎて、いろんな人の意見を情報として摂取できてしまう。ひとつの答えに強い思い入れを持つことがなかなかできないんじゃないのかな。

A 確かに。どうしたらいいんでしょう。

し たとえば、自分が開いた1ページにそれらしきものが書いてあったときに、そこに縁を感じられるかどうかって結構大事な気がして。自分のルールとして、次に会って話す人を、もう自分の中で答えとしちゃおうって決めてみるのもいいんじゃないかと思います。

A それは人生が楽しくなりそうだ。

し 意外と、誰の言うことなら聞けるのかみたいなことを、好き嫌いで決めてもいいと思うんです。多少気がのらないと思うことでも、尊敬するこの人が言うなら、じゃあやってみようかって試していく。そのくらいでいい気がするんですよね。

A ちょっとやりたいと思っても、いざやってみてダメだったらどうしよう、失敗したくない、そんなふうに思いとどまってしまうときはどうしたらいいですか。

し　僕は、やりたいことを見つけるって、どつき合いだと思うんですよね。たとえば料理人に憧れを抱いた時点で、もうフライパンの神様とかがこっちを見てる。どういう思いを持って、どういう姿勢や態度で生きるのか、試されるというか。だから、正解を知っているとか、すごいテクニックを持っているとかではなく、最終的には熱量なんじゃないかなと。どれだけ本気でバカになれるかが勝負を決めるみたいな。ただ、失敗したくない、傷つきたくないという気持ちもわかるんですけどね。

A　失敗や傷ついた経験が少ないから、より怖くなってしまうというのもありそうですよね。踏み出せないことになにかしらの理由をつけてしまったりして。経済状況とか、時間のなさとか、才能のなさとか。

し　いやでも、夢とのどつき合いは楽しいですよ。夢を目指すと、夢のほうからビンタを入れてきます。なにかしらの試練が来る。その道を目指すならこれくらいのことはやらなきゃね、みたいな。それに対して「面白いじゃねえか」ってどつき返していくことは、やっぱり大事。プライベートではメソメソしててもいいんだけど、夢を目指すときだけは人格を切り替えてリングに上がっていく。そこで得られるものはすごく大きいと思いますよ。戦っていることに冷めてきたら、違う道を探したって全然いいんだし。

A　夢から課された試練と思えば、逆境の見えかたも変わりそう。むしろ逆境が来るってことは、前進しているしると言えるのかもしれないですね。最近は、上司に怒られそうになると辞めてしまうという話もよく聞きます。ゲームでリセットする感覚で、別の場所でやり直そうとするのかな。

し　なるほど。僕は常に怒られてばかりですけどね。けど怒られるっていいこともあると思うんだよな。ストレス発散のためにいじめるのは論外だけど。

A　というと?

し　もちろん怒られると腹が立つし、恥ずかしいし、逃げたくもなる。でも、怒ってくれているというのは「あなたともっといい関係を作りたい」というメッセージだったりもする。だって、怒るほうも労力使いますよね。伝えかただって悩むし、なにも言わず自分でやってしまったほうがずっと楽なのに、それだと相手はずっと同じミスを繰り返してしまうかもしれない。だから怒られたときに、とりあえず1回は相手が言ってくれたことをやってみると、怒った人はすごく救われると思うし、なにか変わるかも。

A　怒られたらゲームオーバーってことではないんですよね。本当に。

し　怒られることって弱点だったりもするけど、弱点ってなかったことにはできないんですね。逃げようとすると、後日にもっと大きな課題として現れることもある。骨折レベルになる前に、軽い切り傷で済む段階のうちに向き合っておくほうが、楽だったりします。

センスって生まれつきのもの？（AYANA）

A　生きかたが多様化・細分化している中で、なにを頼りに生きていけばいいのか、ということについては、なにかアドバイスをいただけますか。

し　最終的には自分の美意識になってくると思います。たとえばなにかを尋ねられたときに、必死に考えて答えを出すのか、どこかから聞いた答えをそのまま流用するのか、そこに自分の美意識がなにを許さないかってことが大きく関わってくると思うんです。その指針がはっきりしていて、美しくあれる人は、きっとどの分野でも通用します。メールの返信とか、打ち合わせのレジュメを書くとか、ふとしたときに出るんです。やっぱり人間、歳を取ると「こんなもんか」みたいに手癖で対応することも出てきやすい。サボっちゃうんですよね。逆にそこで手を抜かない人はすごいです。

A　その美意識って、生まれながらに持っているものなんでしょうか？

し　後天的なものだと思います。

A　それはありがたいかも。

し　SNSなんかでいろんな情報を見て、動揺してしまう自分がいたとして、そんな自分自身をかっこいいと思えるかどうか。いや、かっこよくねえなと思ったら、見ないように自分でペースを決めるというか。あと、ここで謝れる人のほうがかっこいいよな、とか。かっこいいかどうか、美しいかどうかって、究極の答えになるような気がします。

A　そのときそのときの判断で前に進んでいけばいいんでしょうか。予測もつかないようなことが起こったりしますけれども。

し　パンデミックを経て、価値観は容易に変わることを実感しました。僕は海外旅行に全然興味のない人間だったんですが、スリが怖い、言葉が通じない、そういったことが理由でした。ところが、最近はもうそういう悩みが些細なことに感じるほど、解放されたい、海外行きたいって思うようになって。実は行きたい人間だったんですよ。こんなふうに、眠っていた欲求が出てくることも含めて、感覚の変化に敏感になることは大事だと思います。そこからまた新しい道が作られていくから。

A 占いの内容も、時代によって変わっていくものなんですか？

し 「しいたけ占い」を10年間やってきている中で、まさに変わってきたなという実感があります。10年前は、これから面白いことが起こるぞ！　っていうクリエイティブな雰囲気が強かったんだけど、いまはもっと日常を大切にしていく感じになっているんです。またここから変わっていくと思うので、僕自身もそれを楽しみにしているんですけど。

A 日常を大切にしながら、人と違う自分の魅力をどう見つけていけばいいと思いますか。自分らしさの確立のしかたについても伺いたいです。

し 自分らしさには2種類あるような気がします。ひとつは等身大の自分らしさ。たとえば集団行動が苦手で、友達と会うくらいなら家で動画見ながらお酒を飲むのが好き、そこに幸せを見出しているとか。一通り経験した上で、でもひとりで動画を見ている時間が幸せなんだよねっていう人は、適切な自分らしさを知っていて、幸せの拠点を持てているなと思います。

A もうひとつは？

し 先ほどの、かっこいいと思えるかどうかの美意識です。Aを選んだら楽だけどかっこ悪い、Bを選んだら怒られて恥もかくんだけどかっこいい。そんな状況で、言い訳したいところをぐっと堪えてBを選んだとき、その選択をできた自分が、またそこから進化した自分を作り出してくれる。自分を大事にする人は、自分を保護してケアすることも意識するだろうけど、ときに自分に試練を突き付ける。自分を信じて「あなた、どうするのこれ？」みたいにどつくことができると、自分らしさが作られていく気がするんですよね。自分との人間関係って絶対あるから。

A 夢ともどつき合って、自分ともどつき合うわけですね。自分との人間関係を育んでいくと、自動的に人と違うものができあがっていくでしょうしね。では最後にひとつ伺いたいのですが、占いを人生の中で、どんなふうに役立ててほしいですか？

し 僕がやっているのは山奥のおじいさんからの手紙なんですよ。占いといっても、こうしたほうがいいとかこれをやると不幸になるみたいな啓示ではなくて、いまの自分を別角度から見ることができるもの。その人自身が自分に風穴を開ける手助けになったら嬉しいし、転ばぬ先の杖くらいの役立ちかたができたらと思いますね。「今週はちょっと短気な面が出やすいかも」って言われたら、ここでブチ切れるのはやめとくか、みたいに少し意識を向けるじゃないですか。全部のトラブルを除去しようとするのは無理があって、やっぱりぶつからなきゃならないトラブルもあると思うので。

A　そのトラブルが成長させてくれることも、きっとありますもんね。

し　そうそう。あとはお祭り的な部分もあると思っていて、山奥のおじいさんっていうのは現役から退いていて、社会のことはよくわからない立場にいる。だけどあなたは素晴らしいですよって言っている。これが部長からの言葉だったら大変なプレッシャーになるけど、浮世離れしたおじいさんなら、自分の生きてる世界と違う場所からのメッセージになるから、追い詰められるようなことがないですよね。お祭りだし、半分はなに言ってるのかよくわからないとか、全然参考にならないかも、みたいなことも起こりうるくらいの距離感。僕はこれがすごく気に入って、やらせていただいています。

A　参考にしてもいいし、しなくてもいい。

し　はい。最終決定はご自分でというのは、大切な距離感だなと、占いを提供する側としては思っています。

A　ありがとうございます。これからも「しいたけ占い」を支えにしつつ、夢や自分とのどつき合いを意識していきます、私も。

まとめ

・夢を持った時点でその界隈の神様がこっちを見ている
・弱点は、なかったことにはできない
・最終的には自分の美意識が頼りになる

4

他者と働く

Q

タイパ・コスパばかり気にする
新入社員とそりが合いません。
価値観が違いすぎる部下にどう接したらいいでしょうか。

――部下との相性がよくないとき

まさに同じ経験があります。異なる世代、異なる価値観の部下に手を焼いた経験が。残念ながら当時の私はよい上司とは言えませんでした。

新卒で入社してきた彼女は、とても自分に自信のあるタイプの人でした。仕事のしかたも自己流で、勝手になんでもやってしまう。社会人経験がないので、そのやりかたには稚拙で的外れなところがあるのですが、指摘しても本人は全然気にしない。それって失礼じゃない？　というような言動も、なにがいけないんですか？　という感じで、反省する素振りも見せませんでした。正直「なんて図々しい子なんだろう」と思っていました。

私は割とはっきりしているタイプなので、自分がそう思っていることを彼女にストレートに伝えていたと思います。でも、全然響かない。なにも変わらない。それでいてなぜか私のことを慕ってくれているところがあり、こちらとしては申し訳ないやら、フラストレーションがたまるやら。結局関係性はそのままだったように思います。

けれど、図々しいというのは積極的ということだし、やる気があるということです（その方向がちょっとおかしいとしても）。上司なのだから、部下のよいところを伸ばそうともっと考えればよかった。それなのに、謙虚さが足りないとか、失敗をかえりみないとか、私自身が苦手な印象のほうばかりにフォーカスしてしまっていたなと、いまはとても反省しています。

考えかたは違っていてもいい

もちろん自分に近い考えかたを持つ人や、素直に自分のことを慕ってくれる人との仕事はとてもやりやすい。話も早い。ストレスも少なくて済むように思います。相手が同僚だったら、そういった感覚だけで仕事をしていても構わないかもしれません。

でも、上司と部下だったら。上司には、部下を育てる役割がありますよね。そのとき、違う価値観を持っている相手の場合は、どうしたらいいのでしょう。

かつての私は、自分のほうが正しいと思い込み、その正しさを教えようとしていました。自分が上司なのだから、このやりかたに従ってよ、という姿勢だったと思います。正面から向き合って、部下と対戦しているような構図だったと言えばよいでしょうか。

でも、チームにはいろんなかたちがあるものです。ひとつの価値観を共有することで士気を高めていくチームもあるでしょうが、それぞれがまったく違う考えかたを持っていて、その力を集結させるからこそ、とんでもない力を発揮できるチームもきっとある。価値観の違う部下の手綱をうまく取りながら、より高い、遠い、面白い世界に連れて行ってもらおうくらいの気持ちが上司にあると、チームをまとめることができるのではないか、という気がします。これは相手の個性を肯定し、尊重しているということです。

個性を肯定されるのは嬉しいこと

部下がどんなものに価値を感じて、どんなことをやりたいと思っているのか。なにが得意で、なにが苦手なのか。こういったことを自分なりに理解し、肯定してあげることで、考えかたは違ってもずいぶん距離を縮めることができるのではないかと思います。やりたいことを、なるべくやりたいかたちでやらせてあげる。ただしそれは、その人の利己的な目的のためではなく、チームの目標や、会社の目標を達成するためのものであるべきですが。

コスパやタイパが重要だというなら、なぜそれに価値を感じているの？ というところにまずは興味を持ってみる。それに対して同意できなかったら、私はこう思うんだけど、あなたはこうなんだね、考えかたが違うね、でいいと思うんです。その差異をどう活かしていくかを、一緒に考えるくらいでいい。違うものが衝突してスパークするからこそ、面白いものが生まれるかも、と考えてみるのはどうでしょう。

自分の姿勢ややりかたを尊重してもらえたら嬉しいし、それをしてくれるのが、違う考えかたを持つ上司だったら、それはなおのこと嬉しいのではないでしょうか。お互いが無理することなく、相手を認める関係性というものに挑戦してみる価値はあると思います。

Q

器用貧乏で、
多方面から振られる仕事を頑張ってこなしてしまいます。
それなのに、たいした仕事もせず、
上司のご機嫌取りばかりしている同期の男性のほうが
評価されているんです。
私のほうが仕事量も多く、成果もあげているのになぜ？

──場の空気を読み、流れを作る

会社員時代、私もずっと不思議に思っていました。なぜ成果をあげず、失敗は人のせいにし（なんなら人の手柄を自分の実績として報告し）、上司のご機嫌ばかり取っている人ほど出世するのだろうと。それが出世の方法なら、私は出世などごめん被りますという意識を持っていました。

いま少し理解できるようになったのが、人は自分のことを肯定してもらったり、信頼してもらったりするのが嬉しいということ。価値観や倫理観はさまざまだとしても、こういった欲求は多くの人に共通してあるもので、さらに誰かの上に立つということは孤独や責任感を伴うため、心を通わせてくれる存在をありがたく感じるのだろうなと。

私たち人間には、感情で動くところがあります。機械のように効率だけで動くことはできないのだと思います。だからといって仕事はきちんとせえよという話なのですが（失敗を人のせいにしたり、手柄を横取りするのはもちろんよくないことです）、成果さえ出していればいいということでもないのかもしれません。

ご機嫌取りばかりしている同期の男性にも学ぶところがきっとあって、たとえばチームが難易度の高い課題を抱えている場面で、上司を褒めながら自信を持たせるような役割を果たしてはいないでしょうか。その場の空気を明るくしたり、自信をなくしかけている人を励ますような振る舞いができるのは、仕事をするうえで役立つスキルだと思います。

無条件に上司のご機嫌だけを取るのはいかがなものかと思いますが、媚(こび)を売るためではなく、チームの士気を高めるために、その男性が持つ「可愛げ」のスキルを、少しばかり盗んでみてもいいのかもしれません。

「認めてもらう」ことを目的にしない

質問者さんは、きっとよかれと思って、多方面から届く仕事をさばき、成果を出していらっしゃるのだと思います。でもそこに「こんなに頑張っているのにどうして認めてもらえないんだろう」という気持ちがあるわけですよね。

自分が携わったことでその仕事がうまく回ったり、成果があがるということが、それだけでじゅうぶん高いスコアになるのではないでしょうか。きっと、質問者さんが関わったことに感謝している人もいるはずですが、質問者さんはそこに目を向けることはせず、その同僚の男性を評価している上司にだけ視点を定め、自分のほうを向いてほしい、認めてほしいと願っている……そんなことはないでしょうか。

人には相性があります。これをされたら嬉しい、という価値観が一緒とは限らないので、相手を自分の価値観で勝手に判断したり、相手の価値観に無理して合わせようとするのは、あまりお互いのためにはならない気がします。それよりは、上司が喜びそうなことを少しだけ普段の態度に取り入れながら（たとえば気遣いの言葉をかけるなど）、質問者さんの努力によって生まれた良い変化のほうに自分の目線を向けてみるのはどうでしょうか。それでも、あまりにも不毛さを感じるようなら、部署を変わりたいと希望を出してみるのもありかもしれません。

自分のテリトリーを決めること

器用貧乏ということでしたが、なんでもかんでも引き受けるのではなく、自分の仕事のテリトリーを決めることも、ときには大事です。自分がより得意なこと、よりやりがいを感じることにフォーカスして、仕事を少し選り好みしてみてもいいんじゃないでしょうか。あまりにも無理をして色々と引き受け、結果自分ばかりが疲れてしまうと、心の余裕がなくなり、判断力もうまく働かなくなります。自分はただの便利屋なのでは、なんて思ってしまったら悲しいですよね。

冷静になれば、それ、私がやらなくてもよくないですか？　と思えるような仕事もきっとあります。なんでもかんでも引き受けてしまうことで、誰かの成長の機会を奪うことになっているかもしれません。まずはご自身が自分の仕事の範囲を決めて、ここまでしかやらない！　と宣言します。誰よりもご自身に向かってです。ここまでなら責任を持てる、そう思える中で持ち前の器用な才能を発揮していく。そうすることでまた新たな、ご自身も誇れるような成果が生まれていくのではないでしょうか。

Q

編集プロダクションで働くライターです。
自分が取材してまとめた原稿に、いつも上司から
沢山の修正を入れられ、ダメ出しされて落ち込みます。
私にはこの仕事、向いていないのでしょうか。

——叱られる人は期待されている

まず、その上司は尊敬できるかたでしょうか？　それとも、誰にでも威張り散らしているとか、理不尽な八つ当たりをするような人間でしょうか。もし後者ならここから先を読む必要はなく、自分の心身の健康を優先して、活躍の場所を変えてみることを検討してみてもいいと思います。でも、そうではないなら、あまり落ち込まないでほしいのです。

自分の仕事を否定されるのが面白い人なんていないはずで、その回数が重なってしまったら、当然落ち込みたくもなると思います。ですがそこで、この仕事は自分に向いてないのかな、などとは考えなくても大丈夫。なぜかというと、質問者さんに可能性を感じているからこそ上司はダメ出しをしている、と思うからです。

子育てをしている親が、自分の子を叱っても、よその家の子は叱らないのと同じです。よその家庭の事情は管轄外ですが、自分の子はそうはいきません。ダメなことを理解してほしい、分別をつけてほしい、よりよい人生を歩んでほしいから、間違いを指摘して叱るんです。

誰かを叱るとき、そこには改善してほしい・成長してほしいという期待があります。もし変化の可能性が見出せない相手だったら、上司のほうで静かに原稿を直したり、ほかの人に修正を頼んだりするかもしれません。少なくとも、こと細かに赤字を入れたりしないんじゃないでしょうか。どうでもいい人には指導なんてしません。とても労力のかかることですから。

いつか、叱られなくなる日が来てしまう

いまはハラスメントの概念がだいぶ社会に浸透し、回避も多少しやすくなりました。これはとても素晴らしいこと。とはいえ、自分に対するダメ出しをハラスメントと捉えるのは早計です。ときには的外れに感じる指摘もあるかもしれませんが、叱られることやダメ出しは、ありがたいものです。落ち込まずに、修正の意図や、どうすれば修正が入らないのかについて、その上司の立場に立って想像してみるのはどうでしょうか。何度も修正が入るということは、きっとなにかしらの価値基準が対立しているのではないかと思うからです。しかし編集プロダクションという傘の下で仕事をしている以上、文責は質問者さんだけにあるわけではないと思います。自分の好みや個性を優先した文章に寄りすぎていないか、点検してみてもいいかもしれません。自分とは違う考えかたに寄り添ったり、ときにはそれを模倣してみることで、自分らしさが損なわれるということは案外少ないし、むしろ表現の幅が広がる場合も多いものです。

いつか必ず、指導をされなくなるときが来ます。質問者さんが成長したときかもしれないし、上司が転職するときかもしれないし、上司が指導を諦めたときかもしれない。そのときまで、できるだけ修正内容から吸収できることを実践しておく。それは成長できるチャンスを毎回もらえている状態ということで、むしろ自分はラッキーな場所にいるのだ、と思ってほしいです。

不安な気持ちをリセットする考えかた

叱られたときは、その瞬間は思い切り反省して、1日過ぎたらさっぱりと忘れるのが理想です。これ、実は褒められたときも同じなのです。大切なのは、それを受けていまから自分がどう変わるかです。それなのに、いつまでも過ぎたことに囚われていると、なかなか前に進めません。

そのためにどうするか？　おすすめしたいのが「事実」と「感情」を分けて考えることです。指導された内容をよく吟味・分析して、改善ポイントをまとめる。そしてそれを実行するよう心がけていく。これが「事実」です。いっぽう、自分はこの仕事に向いていないんじゃないかとか、上司は私のことをよく思っていないんじゃないかといった「感情」のほうは気にしないようにします。これは「もしかしたらそうなんじゃないか」という想像の産物であって、明確な事実ではないうえに、質問者さんのスキルアップには直接関係がありません。そうしたことを考えるのもいいですが、1日で終わりにして、引きずりません（だからこそ、その1日はドラマティックに泣いたり笑ったりできるといいですね）。なぜなら考え続けると、悪いほうに妄想が膨らんでいってしまうからです。一番よくないのが、私は全然気にしていませんと装いながら、心の奥では傷ついている、という状態です。自分の気持ちに嘘をつき続けると苦しくなります。

不確定要素の多い「感情」と1日で決別したら、あとはたんたんと「事実」のほうに意識をフォーカスして、じっくりと爪を研いでいきましょう。これを繰り返していくと、実力がついてきます。気づけば修正内容が減っているだけでなく、できることがぐんと増えているはずです。

そうして、いつか叱られることはなくなる。やがて「向いてないのかな」と悩む誰かを、今度は指導する側に立っていくのだと思います。

Q

他人に仕事を任せられないのが悩みです。
仕事が遅く要領を得ない部下に、
手取り足取り教えるのは正直言って面倒。
指導してパワハラと思われるのも怖いですし、
ついつい自分でやってしまいます。

――組織の利を考えて働いてみる

任せられない。これは仕事ができてしまう、その能力が高いからこそ生まれるお悩みかなと思います。自分がやったほうがクオリティも高いし、煩わしいことも発生しないし、なにかあれば自分ひとりで責任を取ればいいんだし……と考えてしまいますよね。

いっそ、いまのスタイルを貫くというのもひとつの方法かもしれません。仕事はできる人に集まってしまうものだし、実際集まってくる仕事をさばく能力を持ち合わせているわけですから。けれど上司として、また組織の中で働く人間として、人に仕事を振ることができない自分に不完全さを感じていらっしゃる……のだとすれば、それは素晴らしい心がけ。さらに幅広い意味で「仕事のできる」人になるために、どうすればいいか考えてみる価値はありそうです。

組織の中で働く場合、最優先しなければならないのは組織の利です。短期的な目線で見れば、トラブルが起きず、スムーズに仕事が回っている状態（仕事のできている人だけで回っている状態）のほうが、組織にとっていい状態がもたらされているように感じられます。

どうしても明日までにやらなければならない緊急の仕事や、不慮の事態で発生したクレーム対応など、イレギュラーなものの処理なら、ひとまずそういった解決法でもいいのかもしれません。でも、通常の仕事でいつもこの状態が続いていると、あまり発展がない気がします。質問者さんのような、限られた「できる人」が訳あってその組織を離れることになったらどうなってしまうのでしょう。組織は全従業員にまんべんなく報酬を払っているのですから、たとえその能力に差異があったとしても、全員が組織のために能力を発揮している状態を目指したいところです。

仕事を任せる勇気を持つ

なまじ仕事ができてしまうと、できない人に対する目線が少し厳しめになるように思います。しかも、謙虚な人であればなおのことです。自信過剰なタイプなら「自分は特別な才能を持っているから、ほかの人にはできないようなこともやれてしまうんですよねぇ〜！」みたいな解釈になりそうなものですが、自分なんてたいしたことないという意識があると「私でもできるのだから、誰だってできるはず（なのに、なぜやってくれないの？）」という解釈になってしまう気がするのです。また、自分の中に「こうでなければならない」という正解のかたちがはっきりとあればあるほど、その像から外れたものに対して違和感を持ってしまいやすいということもあるのかなと。

しかし、人それぞれ、キャパシティも違えば吸収できる度合いも違います。こだわる箇所、つまりなにに価値を見出すかという感覚も違うでしょう。あまり正解の範囲を狭めずに、その人ができそうなこと、やる気を持ってくれそうなところから少しずつ任せてみるのはどうでしょうか。やりたいようにやらせてあげる。これはとても勇気のいることですが、自分の価値観を押し付けすぎないように留意することは、相手を尊重する姿勢となりますので、パワハラと受け取られる危険も少なくなるはずです。

一度任せたら、あれこれ口を出さず、遠くから見守る。頼られたら少しだけ応えてあげる。できなかったものができるようになる、という経験は自信になりますから、やってあげるのではなく、あくまでも本人が自主的にやり切ったという成功体験に導いてあげる。するとその先のステップで、きっと少し能力がアップし、より多くのことを任せられるようになっていくのではないでしょうか。ほんの少しずつでも。

自分の才能をどう活かすか?

仕事ができる人の役割ってなんでしょう。もちろん鮮やかな手腕で仕事を片付けることもそのひとつだと思いますが、「仕事ができる」という才能をどう活かすのかと考えたとき、それを自分のテリトリー内だけで使って終わってしまうのは、ちょっともったいないように思います。

仕事ができる人は、そのノウハウやリソースを分け与えるために「仕事ができる」という才能を与えられているのではないでしょうか。

たとえば、自分で長い時間をかけて編み出した、とっておきの技があるとします。これがあれば、難しい局面も乗り越えられるという奥義。それを自分の中だけに留めておき、自分のためだけに使うならば、自分がいなくなると同時に、その技も途絶えてしまいます。しかし、惜しみなく開示し、伝えていくことができたなら、それは広い範囲のものごとに作用し、未来へと影響を与えていきます。どちらがよりよい景色となるでしょうか。

仕事ができることも才能、仕事ができるようになるために努力できることも才能です。せっかく与えられた天賦の才を、活かし切ることができたらどんなに幸せでしょうか。

Q

手遅れになるタイミングで
トラブルに見舞われることがとても多いんです。
部下に頼んでいた仕事が、
納期前日になっても未着手であることが発覚したり、
「なんとかしておきますよ」と言ってくれていた取引先が、
いざ蓋を開けたらなにも段取りしてくれていなかったり……。
どうしてやってくれないの？　と泣きたくなります。
私が舐められやすいということなのでしょうか？

――嫌な予感はだいたい当たる

最悪のタイミングで味わう「やっておいてくれているとばかり思っていた（のにやっていなかったんですね）」という絶望。私も痛いほど経験があります。だって、あれだけ締め切りを伝えていたよね？　自信満々にできると言ってくれていたよね？　と、こちらはパニックなのに、肝心の当事者は、意外と涼しい顔をしていたりする。なんなのでしょうか、あれは。

絶望的な経験を繰り返した私に、ひとつ小さな確信があります。それは「嫌な予感はだいたい当たる」ということです。

よくよく思い返してみると、手遅れになるタイミングの前に、嫌な予感が頭をかすめませんでしたか。「進捗はどうかな、まあ、締め切りは伝えてあるし」と自分の中で納得して終わらせたことや、「大丈夫です、いまやってます」と軽く言われた台詞に対し、本当だろうかと思いながらも、現状確認が曖昧なまま、相手に委ねてしまっていたことはなかったでしょうか。

その「なんだか嫌な予感がするけれど、まあ、大丈夫だろう」という感覚があったとき、大丈夫ではない場合が非常に多い、と私は思っています。

舐めていたのは自分のほうだった

いま思い出しても悲しい気持ちになってしまうのですが、私は過去に自分が着るウエディングドレスを用意できなかった経験があります。厳粛な結婚式や披露宴ではなく、友人を集めたパーティで着るカジュアルなものではありましたが。

当時、ずっと「もしウエディングドレスを着ることがあるなら、自分に作らせてほしい」と言ってくれているデザイナーがいたので、お願いをしました。一度対面で採寸をして、そこから特に連絡を取ることはしないまま、数カ月が経過。どうなっているかなと気にしながらも音沙汰がない状態が続き、ついに当日の1週間前になってしまいました。さすがに電話をしてみたら「まだなにもできていない、生地も用意できていない」と言うのです。こちらは頭が真っ白。それなのに「これからやるので大丈夫です。当日には持っていきます」と言うではありませんか（しかもその人は、新幹線で行かなければならない遠方に住んでいました）。さすがに無理だと思いました。すると翌日また電話があり「病院でうつと診断されました」ということでした。

当時は、ずいぶんやり切れない思いを抱えました。でも、これって誰が悪いのでしょう。相手に悪意はないどころか、健康な状態ではなかったわけで、とても責めることはできません。こうして改めて書いてみると、やはり適宜進捗を確認したり、タスクを細かく洗い出して共有したりと、自分がもっと当事者として関わるべきだったと深く反省します。どうなっているか胸騒ぎがした時点で連絡しておけば、少なくとも1週間前にパニックになることはなかったでしょう。

それなのに、私はそれをしませんでした。相手は服飾のプロだし、こちらもウエディングドレスなんてなんだか気恥ずかしいものを、柄にもなく作っちゃって、よくわかんないからお任せしちゃおう、みたいな気持ちがあったんですね。自分のことなのに。誰よりも私自身が、この仕事を舐めてかかっていたんだなと思います。相手との関係性を大切にしていなかった、雑に丸投げしていた、とも言えるかもしれません。

自分の仕事の優先順位を上げてもらう

嫌な予感がしたときには、なによりもこちらの安心と、そしてスムーズな進行のために、しっかりと状況確認や念押しをすること。不安に思うことはあらかじめ尋ねてクリアにし、事前に怪しい芽を摘んでおくこと。これらはとっても大切だと、以降心に刻んでいるわけですが（それでも何度か失敗しております）、もうひとつ言えることがあります。それは、相手にとっての自分の仕事の優先順位を上げてもらうように意識しよう、ということです。

この人のためなら頑張っちゃおう、と思える仕事相手っていませんか。そういう人にはたいてい、よく気がつく、感じがいい、あるいは恩がある、この人との仕事はやりやすいなどの印象があると思います。優先順位を上げてもらうというのは、相手にとっての自分がそうであるよう意識するということです。

別にお世辞を言ったり、必要以上に持ち上げたりする必要はないと思うのですが、相手が気持ちよく仕事できるよう、たとえば答えやすいように質問を二択にするとか、細かなところから意識を向けていくと、きっと少しずつ結果に結びついていくと思います。

人それぞれ価値観は異なります。自分の常識（期日は伝えてあるんだから、やってくれるはず）が相手にも必ず通用するという保証はありません。きっとそれはお互い様のことなのだと思います。

w/ 松浦美穂

自分を無理に相手に合わせず、相手の個性も受け入れる

【まつうら・みほ】 TWIGGY.（ツイギー） 主宰・クリエイティブディレクター。スカルプ＆サロンワークを中心に、雑誌、広告、ウェブなどでヘアアーティストとして活動するほか、映画、ドラマ、舞台のヘアディレクションと幅広く活動。オリジナルのスカルプ＆ヘアケアブランド「YUMEDREAMING」も手がけている。

AYANAさん（以下A） 今回美穂さんにお声がけさせていただいたのは、TWIGGY.というサロンの一体感にいつも感嘆しているからです。多くのサロンスタッフを束ねることだけでなく、俳優やモデルのビジュアルイメージを作るうえでも、人との関わりかたのセンスが重要になってきます。美穂さんは本質的な「らしさ」を大切にしながらも、それを軽やかに、そしてスタイリッシュに共有されている印象があります。

松浦さん（以下松） そんなふうに思っていただけて嬉しいです。

A まずはTWIGGY.の成り立ちから、改めて伺っていいですか。

松 1988年に渡英して、帰国後の1990年にTWIGGY.をオープンしました。正式名は「TWIGGY. your sanctuary」。sanctuaryにはさまざまな解釈があるんだけど、私はbird sanctuary（鳥の保護区）で使われる、帰ってくる場所、みたいな意味を込めています。お客様がほっとしたいときに、ここで癒やしながら癒やされる、そんな関係性ができたらという気持ちで、都会のど真ん中に場所を決めて。

A それから34年続いているのは本当にすごいことですよね。スタッフはずっと同じ顔ぶれですか？

松 いまはサロンをはじめ、ヘッドスパ、カフェ、オリジナルプロダクト「YUMEDREAMING」なども合わせると46名かな。ずっと一緒なのは、カラーリストのステファンと数人くらいで、実は時代の変化とともに、結構変わっているんです。独立した人も沢山。でも、サロンを時代にどう合わせるかみたいなことは、特に考えてきていないです。どちらかというと、いまいるメンバーでどう進化していくかが大事。気持ちやムードが変化するのは当たり前だから、みんなで相談しながら、芯はブレずに、進化することを恐れない。それが結果として、その時代を生きることになる。

A ご自身では自分をどんなオーナーだと感じていらっしゃいますか。

松 母性みたいなものはあるかも。だからって優しいだけの母ちゃんではないので、いまの時代にそぐわないと言われそうな、厳しめの言葉を使った指導もときにはします。とはいえ指摘されたら素直に謝りつつ（笑）、常に学び、変化していく。でも芯にある姿勢は昔から同じだね、とよく言われます。

A どんな姿勢ですか？

松　私は、みんなに「ついてこい！」と従ってもらうワンマンなタイプではなく、ずっとシェアマインドを大事にしてきています。一人ひとりに任されたスペシャルな役割があって、いいパートナーシップを築きながら相乗効果で高みを目指していこうよ、という感じ。もちろん、最低限のモラルや信念みたいなものは理解して、全員が同じ方向を向いていてほしいですけれども。

A　みんなで場を作り上げていく感覚なんですね。全員で見るべき方向とは、どのような？

松　ひとつはカッティングエッジということ。仕事に向き合う姿勢であり、カットにエッジを効かせるという、技巧的こだわりでもあります。それから、植物を育てる意識を持つこと。サロンの屋上庭園で野菜やハーブを育てたり、田んぼに作業に行くことを実際に行います。植物を育てる、土壌から大切にする姿勢というのは、髪を大事にする、土壌となる頭皮への理解を深める姿勢とかなりダイレクトに繋がっているんです。すべては「愛」を持つことからなんだと、理解しているかどうか。ここは大切です。

A　美穂さんがよくおっしゃっている、エコとエゴの違いを見極めることもそうですよね。

松　ただそれをこちらで強制することはないです。考えが合わないのに一緒に働いても、お互い不幸なことになるだけだから。結果としていま残っている人は、ある程度同じ方向を見ているよねという感じ。でも、そこにはさまざまな温度感や振り幅があっていい。たとえば、「TWIGGY. が今期打ち出すスタイルはこれ」みたいなことはやりません。ただ私が「最近こういうのが気分なんだよね」って言うことはあります。それをどうスタッフが受け取るかは自由。新鮮に映れば、自分のスタイルにも反映させるだろうし、なんか違うなと思ったら取り入れないだろうし（笑）。それでいいと思っています。そもそも、主役はヘアスタイルではなく、人ですから。

A　自分自身を見てくれるというのは、お客様からしたら非常に幸せなことで、でもTWIGGY. のカットはTWIGGY. にしかできない空気感を持っているんです。そのバランスがすごいですよね。私も含めて、ここでカットしていることを誇りに思っているお客様が沢山いらっしゃると思います。

松　嬉しいです。その塩梅（あんばい）が実現するのは、まずお客様の気持ちに寄り添っているからだと思います。いきなりヘアカタログを見せて選んでもらうようなことはせず、まず、あなたはいまどんな気持ち？　どんなふうになりたいの？　って。柔らかくなりたいのか、キリッとしたいのか。マインドが最初にあって、どんなヘアスタイルにしたいかはその次。そこで、気持ちや個性とそのスタイルをどうバランスよく成立させるかを考えていくんです。

A　真摯なコミュニケーションですよね。客側になにもないとはじまらないから、私も毎回真剣勝負だと思っています（笑）。

松　切る過程でもコミュニケーションを取りながら、違和感がある部分を減らしていきます。なぜならヘアカットは減らす行為だから。余計なところを削ぎ落としてからパーマやカラーをやるなりして、最終的にお客様が一番欲しいものに到達することが大事。

A　美穂さんがスタッフのみなさんから影響を受けることはありますか？

松　もちろん。たとえばステファンは、色を伝えるとき「レンガに夕日が当たったときの、オレンジっぽいような、紫っぽいような黒」と表現したりします。そんな表現があるんだ！　って、創造力を刺激されますよね。あとは時代の変化に追いつけずにわからないことがあると、包み隠さず「ごめん、それわかんない、勉強してない。教えて」と訊いちゃう。だから、それぞれの分野のスペシャリストが周りにいてほしい。アドバイスをもらったり頼ったりする部分は沢山あります。

人の反応が見えすぎてしまう（ＡＹＡＮＡ）

A　先ほど時代の変化のお話がありましたが、いまはＳＮＳの影響で、人と比べることがとても簡単にできるようになっていますよね。自分の信じていることを貫いて、自分らしく生きたいのに、いつも他者の目を気にしてしまい、誰かを羨ましく感じてしまう。あるいは、ちょっとした意見に賛否どちらの反応も起こり、そのすべてを発信者も見ることができてしまう。見えすぎるからこそ心に傷を負う機会も増えているのかなと。そこに付随して、失敗したくない、傷つきたくないという自衛の意識を持たざるを得なくなっているのかなとも思います。

松　わかります。TWIGGY.スタッフに関しては、たまたまアナログ派が多いんです。自分自身も、投稿はするけど人の評価は見ないですし。エゴサーチも必要を感じません。だって、誰かが必ず悪く書いていますから。その人が知り合いだったら、その人のことを嫌いにならなきゃいけないじゃないですか。そっちのほうが面倒なことになる。

A でも、人からどう思われるかが気になってしまうのが人間、という気もして。

松『情熱大陸』（TBS系）に出演した直後に、私を分析するコンテンツをYouTubeにあげているかたちがいて、娘が見つけて教えてくれたんですよ。見ると、いちいちディスるんだけど、最終的には褒めたたえている内容でした。もう、シナリオができているんですよね。自分たちを有名にするためのネタとして私が消費されているのが見えてしまって、ここでもし私が傷ついたら、この人たちの勝ちになる。こんなことで傷ついちゃいけないっていうことを、娘にもうちのスタッフにも言いました。今後入ってくるスタッフが、もし人の意見を気にするなら、その場合は私のこの経験を伝え続けようと思います。

A 私も心に刻みます。スタッフを採用するときに大事にしていることはなんですか？

松 面接のときに見るのは素直かどうか。嘘をつかなそうな子がいいです。高い技術を持っている必要はないんです。技術は私が持っていて、教えることができるので。

A 結局素直な人は技術だって吸収して、ちゃんと伸びますもんね。

松 そう。だから素直なのはすごく大事なことだと思っています。

A ちょっと指導すると心が折れて休んじゃうような、打たれ弱いかたはいますか？ TWIGGY.にはいらっしゃらないかな。

松 いますよ。いまの時代、大企業だとその時点でハラスメント認定されて、現場との繋がりは絶たれて人事部がケアする方向に行くんですが、うちはそうではなく、私がケアしようと必死になりますね。

A お母さんマインドが発動して。

松 私がその原因だったり、私のことが嫌いになったりというのは全然いいんです。TWIGGY.を辞めるのもいい。でも、まずその「からだ」治そう？ のようなところに意識が向きますね。いま離れたとしても、いつでも戻ってきていいからねという気持ちもあります。これはお客様に対しても同じ。bird sanctuaryの精神です。やっぱり女性だからなのかな。

A 「女性だから」も一理ありますが、女性ならみんな美穂さんのようにできるかというと、全然そんなことはないと思うんです。スタッフのお母さん的な人であったとしても、「あんなに苦労して育ててあげたのに、私の味方を全然してくれないなんて」となるかもしれない。でも、恨みがましさのようなものが美穂さんはゼロじゃないですか。

松 それは、自分自身も前にいたサロンを辞めて渡英したし、やりたいようにやらせてもらってきているから、お互い様のような部分があるんだと思う。ただ、私の指導スタイルはこれ！ と意固地になっちゃうのも違うなと感じています。たとえば、いまの若い子たちって、お酒を飲まない子が多い。でも、みんなで盛り上がる会は意外と好きだったりするんです。だから集まる機会を作りたいなと思う反面、「仕事終わったのに、また集合しないといけないんですか？」って考えの子もいるわけで、その両方に応えていかなきゃいけないなと。一辺倒では限界があるんだと、ここ数年はすごく実感しています。

自分のキャラを受け入れていい（松浦）

A いまの時代、若者たちも悩んでいると思いますが、指導者側もすごく悩んでいますよね。言えばパワハラになるし、言わないと自分の責任になる、板挟み状態みたいな。

松 そうですよね。いまの若者は「結果」を重要視して生きているなと感じます。そこが大きく私の価値観と異なる。たとえば、旅に行くとき、私は目的地までの過程に価値を置くんです。目的地が絶景の湖だとして、その湖に行った事実より、どんな道を通って行ったとか、どこに泊まって誰となにを食べたとか。

A　道中のディテールですよね。

松　でも若者は、この湖を見に行ったたっていう結果のほうが大事なのかな、と。結果的にそういう人のほうがメンタルって壊れにくいし、復活もしやすい気がします。もし湖が見られなくて1回壊れても、湖を見たいっていう気持ちのほうが大きかったらまたそこから見ようとするし、見られた瞬間、見られなかった過去の経験なんてケロッと忘れちゃう。それでいいんだろうなって。だから、そこで私が過護にならないことのほうが大事と思いながらも、自分はそうしてしまう昭和のお母さんタイプだっていうことを、いい意味で認めるというか。自分が無理して相手に合わせずに、でも相手の個性も受け入れるくらいがいいのかな。もちろんタブーな発言は意識して控えなくてはならないですけれど。

A　お話を伺ってきて、改めて思いますが、本当に美穂さんって一貫していますよね。人と人でなにかをシェアしながら進化していこうっていう姿勢が。

松　その最たるものが、やっぱり撮影かなと思います。メイクアップアーティスト、スタイリスト、カメラマン、モデルというプロフェッショナルたちが集まって、ひとつの作品を作りあげていく、その化学反応の素晴らしさ。この空気を、そのままサロンで再現したいと、いつも撮影現場で思っています。この気持ちを自分だけが味わうなんてもったいない、サロンのスタッフにも知ってほしいって。

A　旅先で食べた美味しいものを、家族に買って帰るみたいな感じですか。

松　そうそう。だけど、その撮影で作ったヘアスタイルがかっこいいからシェアしたい、とかじゃなくて。このリップ1本で表情が劇的に変わったとか、この光がなかったらこの写真撮れなかったねっていうその瞬間瞬間を切り取った感覚って、その場でしか学べないじゃないですか。そういうサロンがあったらいいなっていう感覚でやっています。

A　最後に、これからのサロン業界はどうなっていくと思いますか?

松　二極化だろうと思っています。1人から、多くても4～5人でミニマムにやっていく1店舗主義と、チェーン型で100店舗展開するみたいなパターンと。前者は自分の個性を活かしてコアにやっていくお店、後者は個性より「教育」で、ジェネラリストを多く育てることで大きくなるお店。とはいえ正直、3年後、5年後、10年後がどうなっていくのかはわかりません。けれど、しっかり見ていきたいなと思っています。

A　お話を伺っていて、私もTWIGGY.に入りたいなと思ってしまいました（なに担当で？）。

松　ぜひ支えてください（笑）。いつまで続けられるかわからないけど、続けられるうちは、心身ともに元気でいないと。そうそう、この「心身」という漢字、40代くらいから「身」が先で「心」が後なんじゃないかと思って。心はいま誰でも揺れやすい。そのとき、身体をちゃんと持っていると、心もついてきて、エッジの効いた仕事ができるはず。「身心」が整わないと、かっこいいカットしてくださいって言われても、もうできないから。そのときはきっと、山口百恵さんのようにはさみを置いて去るとき。

A　私も身体が資本だなと身に染みて感じているところです。永遠に美穂さんにカットしてほしいので、これからもよろしくお願いします！

まとめ

- ・みんながスペシャリスト。できないことは頼り合う
- ・その「場」にいるから学べる空気を伝えていきたい
- ・なんだかんだ、身体が資本！　身体があれば心もついてくる

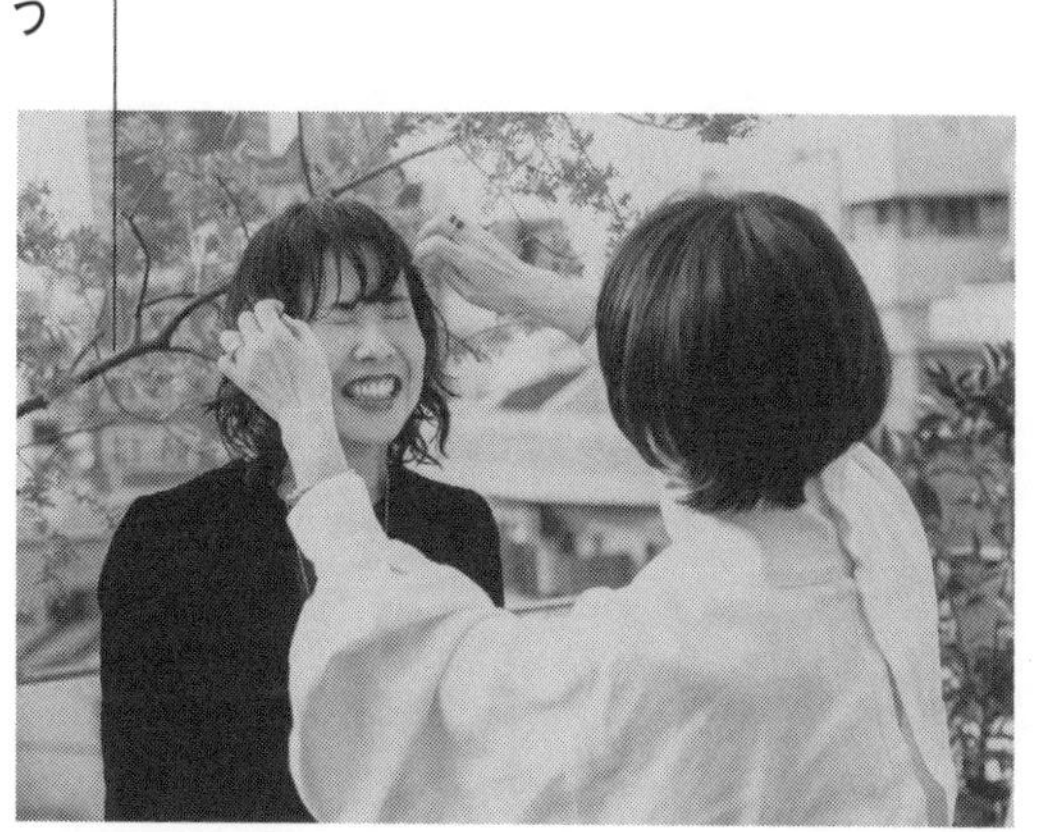

5

自分を知る

Q

会社を辞めてフリーで仕事をしたいです。
こんなふうになりたい、こんな働きかたをしたいという
漠然とした理想はあるのですが、
具体的になにをしたらよいかがわかりません。

――わからなければ人に訊く

「漠然とした理想」というのは、業界のジャンルが定まった状態でしょうか。それとも働く場所や時間に理想があるのでしょうか。いずれにしても、漠然としたままでは前進しにくいですよね。

個人的におすすめしたいのが、プロに相談してみるということです。個人向けのビジネスコーチングを受けたり、メンターを探して訊いてみる。その道のプロに、道筋を作るための具体的なアドバイスをもらって青写真を作るのです。

占いもひとつの方法です。12星座やカバラのようなものよりも、パーソナルな「自分だけ」のものがよいです。そしてできれば、無料のものではなく有料のもの。投資すると覚悟が決まります。ただし、投資したのだからなんとかしてくれるだろうという他力本願の姿勢には要注意です。

私は2020年からEMOTIONAL WRITING METHODという文章講座をはじめましたが、これはコーチングを受けたことで定まった道です。自分ひとりではこのような選択肢を思いつくことはできませんでしたし、いまの自分の状況や先々のことについて、信頼できる誰かに相談できるということは、特にフリーランスの場合は孤独ですから、非常にありがたいことだと思います。

肩書きの重要性

道筋を具体的にしていく方法として、肩書きを決めるのもおすすめです。肩書きは、自分という小説のタイトルのようなものというか、フリーランスの海を航海するうえでの羅針盤のような役割を持ちます。たとえば文章を書く仕事でも「小説家」「文筆家」「ライター」「ジャーナリスト」「エッセイスト」「コラムニスト」など、バリエーションが多様にあります。「ビューティライター」「フードライター」など、専門性を合わせた肩書きもあります。どんな肩書きがピンと来るのか、来ないのか。自分の理想を確認する意味でも、ぜひ一考をおすすめします。

さらにスタイルを構築したいなら、自分のキャッチコピーを書いてもらうのはどうでしょう。私は先日、友人のコピーライターに依頼し「そこにある美しさに、光をあてる」というコピーを書いてもらいました。これが、ビューティライターという肩書きを通して私がやりたいこと、自分が担っていきたい役割を代弁してくれているようで、自分で読み直しては持ち場のようなものに立ち戻ることができ、とても役に立っています。私は自身のウェブサイトのみに載せていますが、他者へのアピールにも使えるものですから、ＳＮＳのプロフィールや名刺に入れてもいいと思います。

自分ひとりで考えるのではなく、どんどん他者に相談したり依頼したりして、自分という絵を完成させていくのがポイントです。他者から見た自分の強みや弱点に気づくこともでき、イメージを掴みやすくなるはずです。

まずは一歩、踏み出してみること

なにより大切なのが、いまよりも一歩前へ踏み出すこと。もしかしたら最初は、思い描いていた理想通りの働きかたはできないかもしれません。でも、そこを起点に次第に変化させ、洗練させていけるのですから、そんなに心配することはありません。完璧なタイミングを待ちすぎてしまうと、なぜかどんどんこだわりが強く、理想も高くなっていき、そのぶん腰が重くなります。

とにかくなんでもやってみることです。依頼されたら「はい」といい返事をして、真剣に取り組んでみると、必ずその経験が反省点や課題、目標を見せてくれます。私は意外とこんなこともできるんだとか、もっとこういうことがやりたいかもしれないといった、新しい発見もあるかもしれません。

最初から仕事の内容を選り好みしすぎないことも大切かなと思います。自分とは関係ないと思っていた世界が教えてくれるものって、わりあい沢山あるものです。ライターの仕事をはじめたばかりの頃、転職情報サイトのインタビューの仕事をやらせていただいていたことがあります。テレワークの仕組みや、スポーツジムで働く人の仕事へのこだわりなんかを取材していました。一見ビューティとは関係ないようですが、取材力の鍛錬にもなりましたし、決して無駄ではなかったなと思います。

そうしてひとコマひとコマ進んでいくほどに、得られるものがあります。その得られたものを、自分が思い描いた青写真と比較・検証し、都度ブラッシュアップしていけるといい。変化の多い時代ですから、しなやかな柔軟性があるほど強く大きく成長できるのだと思います。

とにもかくにも、新しい扉を開いて、まずは一歩踏み出すところから。

Q

結婚して2年目。
いまはフルタイムで働いています。
子育てに憧れはありますが、
出産や育児と仕事の両立ができるか不安です。

——子育てをしながら働くこと

育児と仕事の両立は、確かに簡単ではないと思います。出産、育児、仕事、どれも単体でじゅうぶん大変なことです。組み合わされればさらに難易度が上がるのは当然のこと。すべてが理想通り、完璧にできたらいいけれど（また、それができてしまう超人もたまにいたりするようだけれど）、できることにはどうしたって限りがあります。なにが食べたい？　と訊かれて、ラーメンとオムライスと焼肉が同時に思い浮かんだとしても、最終的にはひとつに絞りますよね。自分のキャパシティと照らし合わせて、ときにはなにかを捨てながら最善と思える道を選ぶしかありません。

それでも、もし子育てに憧れを感じているなら、ぜひトライしてみてほしいと個人的には考えてしまいます。私は結婚や出産について、絶対にしたほうがいいという考えは持っていません。人それぞれ自由でよいと思います。ただ質問者さんは、出産や子育てができる可能性のある場所に立っているだけでなく、子育てに対する欲求をお持ちです。それなら、ちょっと頑張って舵を切ってみてもいいのではないでしょうか。

きっと、なんとかなる！

私には息子がひとりいますが、正直余裕はまったくなく、日々を綱渡りのような感覚で過ごしております。私はフリーランスで仕事をしているため、就業時間も融通がききますし、仕事場も自宅がメイン。制約はかなり少ないほうだと言えます。それでも大変です。さまざまな世話をする必要があるだけでなく、発熱など不慮の事態も突然起こります。成長するとともに子育ての課題も変わっていくため、いつも悩みながら、自分の無力さを嘆くばかりです。

しかし、それでも、少しずつ私も成長していて、子どもがいなかったときとは段違いに色々なことができるようになりました。だからあえて言いたいです、なんとかなります！　と。自分がそれをやってみたいと思うのなら、自分を信じて、扉を開けてみてはどうでしょうか。

子育てをしながら仕事をする場合、どうしても制限がかかり、周囲に迷惑をかけてしまうケースもあります。夜は稼働できないとか、突然の保育園からの呼び出しで急遽お迎えに行かなければならないとか。そんなときに大切なのは、周りへの感謝の気持ちや、なるべくリスクヘッジできるよう先回りしておく姿勢ではないかなと思います。どんなに準備しても問題が起こることはありますが、そうしたらそれをどう挽回するかを考えればいい。気配りができて、自分の持ち場に責任を持てる人は、きっと周囲からの理解も得られます。

恐れる気持ちを大切に持っておく

両立に不安を抱いてしまうのは、きっと子育てがどういうものか、はっきり掴めていないことも理由にあるかと思います。実際、妊娠・出産は蓋を開けてみないとどうなるかわかりません。どんな個性を持った子が生まれるのか、母体の健康状態（つわりや産後のメンタル、体調など）がどうなるのか、事前に知ることは不可能です。知識が曖昧だと、両立に苦労している話やうまくいかない話ばかりが耳に入ってしまい、より不安を助長させてしまうこともあるでしょう。

以前アーユルヴェーダの取材で聞いたのですが、「不安」という感情には、心を弱くしてしまう作用があるそうです。不安が積もるとそれを見ないようにして、短絡的な気晴らしのほうに意識を向けてしまい、問題の本質に対峙する勇気がどんどん失われていくのだとか。

しかし、不安と似た感情に「恐れ」というものがあり、これは成長のために必要なものだそう。こっちに行くと怖いなという道が目の前に見えたなら、恐れの気持ちを胸にそちらを選ぶと、大きな前進に繋がるということです。

前進って、人生を前に進めることです。わからなかったことがわかるようになり、できなかったことができるようになる……山の向こうの景色は登ってみないと見えません。いくらこちら側であれこれ想像しても、登ってみないことには、立っている場所は永遠に変わらないのです。

恐れという気持ちがあれば、用心することができるのだそうです。不慮の事態に対峙したときも、きっとその恐れという感情が役に立つ、ということなのでしょう。

なにより、働きながら子育てをすることが難しい時代だからこそ、それを成し遂げられる人が増えることは、次の世代の大きな希望となるはず。女性が働く環境に選択肢を増やしていくという点でも、とても意味のあることではないでしょうか。

とはいえもちろん、子どもがいない人生にも大きな学びや成長はあるはずで、それは本当にどちらでも構わないのだと思います。どうぞ恐れを感じるほうへ。自分の気持ちをよくよく確認してみるのが一番です。

Q

学費が高い理系の大学に通わせてもらっており、両親からの期待を考えると、専門分野を活かした就職先を探さなければならないのですが、

私は漫画を描くのが大好きで、これを仕事にしたいというのが本音です。

とはいえこの世界での成功は狭き門ですし、親の許しは得られないだろうという確信があります。

漫画は趣味にとどめ、諦めるべきでしょうか？

――誰かの期待を勝手に背負わないこと

ご家庭によって親子のパワーバランスはさまざまで、私は親から具体的な期待をされることなく育った人間なので、あまり偉そうなことは言えないのですが、それでも、個人的には親の期待に応えようとしすぎる必要はないと思います。本当に。

親は子に、健康で有意義な人生を送り、幸せに過ごしてほしいと願います。そのためにあれこれと期待もするでしょうが、そこに自分の願望を必要以上に投影したり、自分の期待通りにいかないからといって悲しんだり怒ったりするのは身勝手な行為であると感じます。その人の人生はその人のものですからね。

育てられた恩や学費を出してもらった恩があることは事実ですけれども、それを負い目に感じる必要はありません。ただ、純粋に感謝していればそれでいいのだと思います。本来親は子に「幸せに過ごしてほしい」のであって、それが損なわれてしまうのは本末転倒なのです。

他責の原因を作らないようにする

進路のみならず、大小さまざまある人生の選択の局面で、自分の属性を必要以上に気にしてしまうと、そこに囚われて苦しくなることがあります。属性というのは、たとえば子、母、父、妻、夫、○○の社員、○○の学生、○○の国民、○○世代の人、などです。属性はときに大切なものです。しかし「そこに属しているからには、そこで期待される役割を演じなければならない」という義務感を持ちすぎてしまうと、自分が本当に望んでいることや、小さな違和感や、心底幸福を感じる瞬間などに気づく機会を逃してしまう場合があるのです。

判断を属性に委ねるのは、ある意味では楽なんです。そこには目に見えないマニュアルのようなものがあり、それに従っていれば規定から外れにくい（ように感じられる）からです。自分は言いつけを守って遂行しただけ、という意識が生まれ、責任感が伴いにくくなります。

マニュアルに基づいて選択したものが、よい結果に結びついていればまだ問題はないのですが、それが失敗に終わったときに、誰かのせいにしてしまいやすいところも考えものです。私が実際に望んでいたのは別の道なのに、親がこうだったから、会社でこう決まっているから、この国の常識はこれだから、「しかたなく」こっちを選んで「あげた」。それなのにどうしてくれるの？……こうなってしまうと、その後悔はいつまでも落ちない染みのようにずっと心に残り続けます。下手をしたら恨みのような感情に繋がってしまうかもしれません。

だから、本当にやりたいと思うほうを自由に選んでよいのだと思います。

自分が成長できるほうを選ぶ

自分で自分の道を決めるのは、怖いことです。責任が伴うからです。ですがその怖さを意識しておくと、慎重にものごとを進める意識も育まれ、難しい局面を乗り越える力もついていきやすいと思います。

トライしたけれどもうまくいかず、やっぱり漫画は趣味にしておくのがいいね、という結論に至ったとしても、最初から挑戦せず趣味で描く人生とは比べものにならないほど、多くのものを得ているだろうと思います。挑戦したという事実がくれる成長のヒントは計り知れないものです。なにより、失敗を誰かのせいにすることもないでしょう。

嫌なことはやりたくない、好きなことだけしていたい、いつまでも遊んでいたい。こういった気持ちはただのわがままですが、やりたいことがあって、それを生業にしていきたいという意志はなかなか持てるものではなく、それ自体が宝です。

なぜやりたいのか、この道でなにを成し遂げたいのか、そういったことについて真剣に考えをまとめ、ご両親を説得するのがよいのではないでしょうか。ご両親にはご両親の思い描く幸せのかたちがあるでしょうし、それを尊重することは大事ですが、だからといって、子がまったく同じ価値観を持つ必要はありません。尊重することと、従うことは違います。

Q

声の大きい人は得だなと思います。
会社の先輩がいつも自分の実績を声高に話すのですが
正直ちょっと盛っていて……。
SNSにも、さも自分の手柄のようにいいことばかり書いています。
立ち回りがとっても上手なので、みんなそれを信じていて、
対外的な評判はすこぶるいいんです。
なんだか許せません。
本当のことを上司に話したほうがいいでしょうか。

――できる人は自慢をしない

　これまでさまざまな人と仕事をしてきてつくづく思うのですが、できる人って本当に謙虚です。自分の実績を声高に叫んだりしません。もちろん捏造もしません。かといって、必要以上にへりくだることもせず、堂々としているところがあります。かっこいいですよね。

　なぜ、すぐれた人は自慢をしないのか。改めて考えてみたのですが、アピールの必要がないからなのかなと思います。いまの状態に満足していて、わざわざ誰かに振り向いてもらい「立派なかたなんですねぇ」なんて思ってもらうよう、作為的に仕向ける理由がないわけです。

　ということは、わざわざ自慢をする人というのは、なにかに不満を持っていることになります。もっとこっちを見てほしい、自分を褒めてほしい。自分のすごさを、誰かに（それは自分自身かもしれないのですが）証明したいと思っているのですね。もしかしたら、自分はこうありたいという理想と、現実の自分に乖離（かいり）があり、それを埋めようと必死になっているのかもしれません。苦しくて大変なことだと思います。

世の中には色々な人がいる

　人はそれぞれ、独自の正義感や倫理観を持っています。概ね共通する部分もあるかもしれませんが、もちろん人によってその内容は異なります。それなのに、自分と違う価値観を持っている人に出会ったとき、それが自分の正義に反すると感じると、正したくなってしまうところが人間にはあるなと感じます（もちろん、私も含めて）。

他人は自分とは別の人間なのだから放っておいたほうがいい、というのも極論で、私たちは影響し合って生きているわけですから、話し合う機会なりを持つことでお互いの理解を深め、自分や相手の持つ考えを発展させていくことができれば、それは素晴らしいことだと、私は思います。ただ、相手にその気がない場合、どうにもならないこともあります。それは残念なことかもしれませんが、気にしないでおくこともときには大切です。自分には理解できない常識を持って生きている人だって、世の中には沢山いるものです。

大切にしなければいけないのは自分自身です。自分の人生における幸せを考えたとき、限りある時間の中で、許せないもののために多くの意識を使うのはもったいないことではないでしょうか。気にしない、無視しておくことが、自分のためになることも沢山あります。

「許せないもの」の正体

許せない、という感情が生まれるとき、その原因が自分の中にあるということには、少し注意深くなってもいいように思います。

世の中には「それってよくないことだよね」とされていることが、実に沢山ありますよね。窃盗、戦争、いじめ、不倫、裏金など、どれもこの世からなくなったらどんなにいいかと思いますが、その中でも「特にこれは許せないぞ」と思ってしまうものはないでしょうか。ここに、自分の弱点のようなものが紐づいていることは往々にしてある、と私は思っています。

私は「シングルマザーに育てられた子って可哀想だよね」みたいな言説を目にすると、非常に怒りを覚えます。それを言っている人が、子どもを育て上げたシングルマザーならまた話は変わってきますが、多くの場合はシングルマザーの経験すらない人です。そんな人になにがわかるのよ、と思ってしまいます、正直。これって、私自身がシングルマザーであり、その選択をほかでもない自分がしたからなんですよね。

弱点というのは、直さなければいけないところという意味ではありません。それを前にすると痛みを感じる、コンプレックスに近いものです。たとえば私は、芸能人の不倫報道にあまり興味がなくなってしまいました。でも、若い頃は不倫が本当に許せなかったので、そういったニュースに心をざわつかせていました。いまも決して不倫を肯定しているわけではありませんが、結局報道や噂話など第三者の視点で捉えたことと、当人同士が抱えている事情には乖離があり、本当のことは本人しかわからないと考えるようになりました。ですがこれは、不倫というトピックと私自身のあいだに、ある程度の距離があるからできることです。これがシングルマザーの話であれば、きっとこうはいきません。

弱点は、自分の主体性を脅かす、ネガティブな想念になり得ます。きちんと向き合い、有していることを意識しておかないと、私はこうありたいという理想を邪魔してくることがあるのです。そういった気づきをもたらしてくれる「許せないもの」に出合ったとき、自分の弱点を自覚するにとどめ、あとは放っておくことも、ときには大事だなと思ったりします。

Q

私には生きがいがなにもありません。
どうすれば見つかりますか？

——天職とはなにか

奇遇ですね。私も同じような気持ちを抱えて生きてきました。

私はこれまでの人生において、何人かの占い師に見てもらったことがありますが、昔から絶対に訊くことがあります。それは「私の天職はなんですか」です。天職、天命、使命、まあそういったことですね。要するに、なんのために私は生まれてきたのですかという質問になります。これって「生きがいはどうすれば見つかりますか?」とほぼ同義の問いではないでしょうか。

その答えは、占い師によって見事にバラバラでした。はたしてこのことについて、占いなんて当てにならないよねという話で終わらせてしまっていいものなのでしょうか。

「ダルマ」の話

たびたびアーユルヴェーダの話を出して恐縮ですが、アーユルヴェーダに「ダルマ」という考えかたがあります。これはまさに天命・使命という意味の言葉で、人は誰でもその人にしかない才能を持っており、それを活かして世のため人のために役立てることで、精神的・物質的な豊かさを得て、幸せを拡大していくことができる、と言われます。

ダルマは生まれたときから決められており、持っていない人はいません。ですが、当人には自覚がありません。それを見つけていくのが人生なのです。見つけかたとして、その人が生まれながらに得意なこと、時間を忘れて没頭できることや、それをすることで世の中の役に立てるか、自分の中に喜びを感じられるかどうか、あるいは生まれた家庭環境や国籍や性別などを考察するとよいとされます。自分がなにに向いているかなんてなかなかわかりませんから、これらの考察をヒントにしてねということですね。

私がダルマの話を聞いたのは30代のときでした。その頃は、ダルマは具体的な職業なのだとばかり思っていました。しかしいまは、小説家や大工、保育士のような職業名で説明できるものとは限らず、もう少し広い「世に対する自分の役割」という意味合いなのかなと捉えています。大切なのは、その人の特性が活かせていることで、たとえば「人に教えることがなぜか得意」であれば、教員や塾講師だけでなく、組織で教育を担当する上長や、サークルの先輩ってこともあるし、教えかたがわかりやすいなら、コンサルタントやパーソナルトレーナー、子どもになにかを教える親という可能性もありそうです。きっと時代によっても変わってくるでしょう。

得意であるというだけでなく、誰かの役に立っているということがおそらく非常に大切なのです。人は自分のエネルギーを他者のために使うことに喜びを感じるようにできている、そう私は思います。きっとその行為が、命を次世代へと繋いでいく一助となるからではないでしょうか。

運命の出合いはありふれたもの

結局、天職というのは決められているようで決まってはいないというか、持っている資質を自分でこねたり伸ばしたりしながら、自分にとっていい感じのかたちに整えていくしかないものなのでは、という気がします。それには時間も労力もかかります。ある日突然神の啓示が降りてきたり、自分におあつらえ向きの生きがいが降ってわいたりすることは、皆無とまではいかないまでも、まずないでしょう。きっと占い師たちが教えてくれた数々の天職は、私が持つ資質のどこをどう伸ばしたかによって、その先に見えたもののバリエーションだったのだと思うんです。

人生に、たったひとつの生きがいとの運命的な出合いが用意されているわけではない。むしろ、どんな些細なものでも運命的な出合いになり得るのではないでしょうか。母親からの何気ない一言、ふと目に留まったニュース、感動して泣いたドラマ、電車で隣に乗り合わせた人。そこからどんな関係性が生まれ、自分の資質をどう影響させていけるのか。そこに敏感でいること。物語を自分からはじめていくこと。それによって生きがいへの道が開かれる、と言えそうです。

自分のことは自分自身が一番わかっている、と私たちは考えがちです。でも、本当にそうなのでしょうか。なにができるのか、できなくてもこれからできるようになるのか、その機会をいつどのように与えられるのか、私たちは知らされていません。ならばまず知ろうとすること、そのためにどんなものも運命として利用していくくらいの気概があると、いいんじゃないでしょうか。

ほかでもない自分自身に、おおいに期待しましょう。自分にはなにもないなんて考えるのは、自分自身に対して失礼です。まずは自分が持っているものをよくよく点検してみるところから、すべてがはじまる気がします。

なにより私たちは必ずダルマを持って生まれてきているわけです。ないということはあり得ない、まだ見つかっていないだけ。そう考えると、少し気も楽にならないでしょうか。

DIALOGUE 5

w/ 本島彩帆里

自分との関係を育むことの大切さを伝えていきたい

【もとじま・さおり】 ダイエット・セルフケア美容家。心身とも健康的に20㎏痩せた自身の経験を活かし、ダイエットや美容情報を発信。セルフケアブランド「eume（イウミー）」も手がける。著書は累計43万部、インスタグラムを中心に発信している。

AYANAさん（以下A）本島さんは、これまでに誰もやっていないことを仕事にしているイメージで、きっとセルフプロデュースがお上手なんだろうなと思っていました。いまは働き方ってこれが正解だよね、という指標のない時代なので、今日はきっと参考になるお話が伺えるんじゃないかなと。お仕事、かなり多角的にやられていますよね？

本島さん（以下本）いまは発信と自社ブランド「eume」のプロデュースと、社員のマネジメントに比重を置いています。チーム全員が気持ちよく働けるように仕組み作りを心がけています。

A 具体的にはどんな業務になるんですか？

本 1on 1やミーティングで、コミュニケーションをこまめに取っています。スタッフがモヤモヤした思いを抱えたまま働くことがないように、議題を健全にテーブルに乗せて話し合う機会を作ってます。仕事を通して自分の成長を感じられるよう心理的安全性を大切にしていますね。

A すごい。マネジメントの勉強をされていたのでしょうか。

本 いえいえ全然。現場で、沢山失敗もしながら学んでいます。おかげでいまはチーム全体がうまく循環するようになりました。ほかには、商品開発、書籍の執筆、ダイエットやセルフケアなど美容にまつわる発信をしたり、取材を受けることもあります。

A いまの肩書きはセルフケア美容家ですが、確か以前はダイエット美容家でしたよね。

本 ダイエットを希望されているかたのお話を伺うと、意外と痩せるのがゴールじゃないんだなと思うことが多くなって。痩せたその先に、健康的になりたいとか、こういう自分になりたいという理想像があるんですね。そのニュアンスが「ダイエット」だと伝わりにくいなと感じて、セルフケア美容家と名乗るようになりました。仕事によって使い分けることもあります。

A いまのお仕事はどうやってはじめたの？

本 インスタグラムからです。サロンでセラピストとして働いていた頃に身体を壊して辞め、その後出産して、1年3ヵ月かけて20kg痩せました。そこで自分の成功体験がひとつでき、誰かの役に立てるコンテンツを、自信を持って発信できると思って。ダイエット動画を投稿しはじめたのがきっかけです。

A そこで動画がバズって、みたいな？

本 当時、無料でセルフケアのコンテンツをアップしていする専門家っていなかったんですよ。そこで私に目を留めてくださった編集のかたがいて、翌年には本が出て。

A すごいスピード感。

本 冷やかされるのが嫌だから、インスタグラムはこっそりやっていたんです。だから友人たちは驚いたと思います。純粋な、誰かが痩せるためのお役立ちコンテンツに特化したかったから、私の個人情報は載せていなかったし。その感覚はいまもあって。だから年齢も公表していないんです。

A 全体的に現場主義の空気を感じるけれど、誰かのセオリーを参考にはしないの？　私はすぐロールモデルを探しちゃうタイプだから。

本 意外です。AYANAさんって完全オリジナルなかただと思っていました。

A たぶん、ロールモデルがいすぎて、その集合体が私だからそう見えるのかな。荒野みたいなところでなにをやってもいいと言われても、困ってしまうタイプです。でも本島さんはそれができる人だなと思う。

本 確かにロールモデルはいないかも。石橋を叩いて渡るタイプかどうかって話があると思うんですけど、私は誰も渡ったことのない石橋を渡りたいんですよ。0から1を作りたいタイプ。どんな石橋を渡りたいかの答えって、結構その人の個性が出て面白いんですけど、AYANAさんはどうですか。

A うーん、デザインがいい感じの橋を渡りたい、かな……？

本 え、おしゃれ。新しい。自分でデザインをするという意味ですか？

A いや、デザインが好みの橋を探すっていうか。作りはしないかな。うん。私はそんな感じかもしれない。

本 面白い！　私の周りには、石橋があることの意味を見出したくなるって人もいたし、建て替えて補強してから渡りたいって人もいました。その人のプロセスへのこだわりがわかるんですよね、この質問。

A 確かに、未踏の橋を選ぶのは本島さんらしい。商品開発もそういう感覚でやっているの？　たとえば「eume」のめぐりソックス（※）みたいなアイデアはどこから出てくるんですか。

本 あれはたまたま行った展示会に、好きな光電子下着の会社が出展していて。最初はファンだから話しかけたんですけど、次第に「実はこういうものが欲しいんですが、できますか？」とプレゼンに展開して、できた商品です。こういうものが欲しいというビジョンが頭の片隅にあって、あるとき繋がるんです。

A 偶発的なタイミングなんだね。

本 「eume」のクォーツバスソルトも、たまたま入った塩のお店で見つけたものをもとにしています。ふらっと知らない場所に行ったり、寄り道したりするのが好きなんですよね。

A ただいいものを見つけるだけじゃなく、そこに本島さんがアレンジを入れて、センスよく仕上げているのも印象的です。その感性はどこから来るんでしょう。

本 世の中にある美しいモノを見て心を動かされたり、商品や広告を見て、このアプローチはすごい！とか、逆に私だったらもっとこうするのにな、とか、あれこれ考えているのが活きているのかも。

A 魅力と改善点の両方を同時に捉えることができるわけですね。

本 つまり、好みがはっきりしているということですね（笑）。Pinterestなどの、画像をスクラップするようなSNSも、興味がない画像は表示されないようアルゴリズムを操作して、常に気持ちのいい視界にしておくことを意識しています。

半径5メートルの友達に聞いてみよう（本島）

A 誰かから、本島さんはもっとこうしたほうがいいんじゃない？ みたいに言われた場合はどうするの？ おせっかいな助言みたいな。

本 へ〜あなたの意見はそうなのねって感じで、やや流し気味に受け取ります。というのがですね、私はもともと究極の八方美人で、周りに合わせるのが得意なタイプでした。それははっきりとした自分がないということでもあって、それが原因でコミュニケーションに苦労して、カウンセリングに通ったという経緯があるんです。次第に自分の身体で感じているものを受け取れるようになり、周囲との境界線もうまく作れるようになりました。

A 本島さんって、自分をしっかり持っているけれど、高圧的な空気を絶対に出さないし、本当に感じがいいでしょう？ 過去にお仕事をご一緒したときも、スタッフ全員がやりやすかったと思う。コミュニケーションに無駄がないし、スムーズ。それはそんな背景があったからなんだと、いま腑に落ちました。本島さんはご自身で崖っぷちまで行ったからこそ、カウンセリングに通うという解決法に至ったわけだけれど、もっとぼんやりと、自分のいいところがわからないとか、強みがわからないと悩んでいるような人は、どんなことをしたらいいと思いますか。

本　半径５メートルの友達が言っていることに耳を傾ける、です。以前「彩帆里っていつも変わったものをおすすめしてくれるよね」って言われたことがあって。確かに私はいいものを見つけたら友達と共有したいタイプなんです。半径５メートルにいる親しい友達って、そういうことを言ってくれませんか？

A　何気ない「あなたってこうだよね」みたいな会話ってこと？

本　そうそう。自分が相手にどう役立っているかのフィードバックを、意外とくれているものなんですよね。「彩帆里が写真撮ると盛れるよね」と言われたこともあって、そうすると、私って撮るのが得意なんだ、じゃあ集合写真は私が撮ろう！　と意識が変わる。半径５メートルの中で役に立っているのなら、それが１００人に増えたらもっと多くの役に立つかも。そういうところを伸ばしていくのがいいんじゃないでしょうか。

A　おっしゃる通りだと思いました。自分のことをよく知っている人の言葉はリアリティがありますもんね。写真の話が出ましたけど、本島さんはご自身の見た目を公表する機会が多いじゃないですか。どんな感覚で自分のビジュアルを扱っていますか？

本　ツールっていう感じです。たとえば、メイクアップの紹介をする場合は、自分の顔がパレットという認識になります。

A　やはり。常々、扱いかたがビジネスツールのそれだなと思っていました。ツールとしてのご自身のビジュアルを磨いて高めていくことも多くあると思いますが、コツはありますか？　垢抜けていく方法というか。

本　自分で、これは似合わない、これじゃなきゃダメと思い込んでいるものを一旦手放して、新しいものにチャレンジしてみること。あとは人に聞いてみるのも重要です。化粧品なら美容部員さんに相談したり。プロの意見はとても大事だと思います。

A　さまざまな場で発信される中で、特に気をつけていることは？

本　否定しない、決めつけない。ダイエットってなかなかうまくいかないじゃないですか。私がこの方法を発信することで、別の方法にトライしている人が傷つく可能性がある、ということはとても意識しています。だから「これが正解！」みたいな伝えかたよりも「こういうスタイルもあるよ！」という発信を心がけています。

A　フォロワー数が多いと、それだけ色々な人がいらっしゃいますからね。否定的なコメントがくることはあるのでしょうか。

本　それが、ないんですよ。私自身がもともとダイエッターだから、自分のことが嫌いな人の思考回路に共感できるし、ふとしたきっかけで否定的な気持ちが生まれる心境も想像できるんです。そのぶん気をつけることができているな、とは思います。

子育てと仕事、バランス取ってる？（AYANA）

A　かつて自分がないと悩んでいたとは信じられないくらい、いまはご自身を確立されていますよね。第二子のご出産後間もないですが、育児こそなかなか自分の思い通りにいかないことも多いと思います。仕事と子育てのバランスはどう取っていますか？

本　決め事やルーティンを増やすと、柔軟に対応できなくなるので、「こう！」というものはないです。

A　日々、何が起こるかわからないから？

本　そうです。出来事もコンディションも、日によって変わるので。バランスを取るところも日々変わります。

A　なにかと時間が決まっているじゃないですか。たとえばミルクは3時間おきにあげるとか。

本　3時間半でもよくない？と考えるタイプかもしれません（笑）。育児書を色々読んでみても、みんな主張が微妙に違うので、多少自分に引き寄せて、柔軟に調整することで「こうしなければ」と自分を責めることも減る気がします。

A でも、やることは単純にとても多いですよね。1日のタスクが終わらないときはどうしてますか？ ありますか、そういう日。

本 ありますあります。「今日はごはんが作れないからウーバーね」とか、子どもに理由を明確に伝えるようにしています。ママは一定ではないぞ、変わるのが自然なことだよって知ってもらって。一定ではないという前提を大事にしているところがあります。

A 英才教育だ。私はただイライラしてしまうだけのような気がする。あと、食事してもらっている間に「10分だけ仕事してくる」って抜けたりして、少しでも終わってなさを埋めようとします。ちなみに10分で終わることはまずないんだけど。

本 時間を伝えるのって大事ですよね。私も意識していることです。

A 私はやっぱり仕事がすごく大切で、仕事がなくなることに対して常に恐れがあるから、終わっていない状況がストレスなんですよね。もちろん単純に仕事が好きということもあるんだけど。本島さんにとっては、仕事ってどんな意味を持つものですか？

本 わくわくすること。商品開発も、本の執筆も、こういった取材を受けるのも、わくわくするかどうかで決めています。条件がいいとか、実績に繋がるという理由だけで仕事を選ぶことはないです。結局、わくわくすることだからいいインスピレーションも生まれる。その関係性を、もうわかってしまっているから、義務感だけで受けた仕事は、気が重くなる。

A これまでの経験があるからこそ、わくわくする未知の案件を選択できるわけですよね。でも多くの人は、未知のものに対して恐れがあって、失敗したらどうしようと考えてしまうんじゃないかと思うんです。そんな人たちに言葉をかけるなら？

本 仕事って、相手を満足させることで次に繋がるものだと思うんです。自己満足では仕事にならない。逆に言えば、喜んで受け取っている人がいる限り、それは仕事になるし、道ができていくと思う。未知だろうと既知だろうと、同じことのような気がします。そのうえで、わくわくする状況だと120％の力が出せるというか。

A それが仕事になるかは、喜んでくれる人がいるかどうかにかかっている。確かに。

本 あと、やりながら考えて軌道修正していくのは大事です。その場のバイブスを感じ取って、臨機応変に対応していく力があるといい。だから、時代の動きを感じに行くことが好きです。本屋や百貨店の化粧品フロアでなにが売れているかのランキングを見たり、人気のものを店員さんに訊いたり。その空気にも合わせて、自分のやりたいことをのせていく。

A　こういうことをやりたい、っていうビジョンは、かなり先まで持っていますか？

本　ビジョンはずっと「自分との関係性を育むことの大切さを伝えていく」こと。私自身がこの行為を通して大きく変わることができたので、それをこれからもプロダクトやメッセージにのせて、発信し続けていきたいなと思います。

A　セルフプロデュースも自分との対話が重要ですもんね。本島さんの発信、これからもいちファンとして注目させていただきます！

※めぐりソックス…本島さんが手がけるブランド「eume」の着圧ソックス。光電子繊維を使用し高い保温効果がある。発売から絶大な人気を誇っている。

まとめ

・「どんな石橋を渡りたいか」で個性を知る
・その場のバイブスを感じ取って臨機応変に！
・喜んで受け取っている人がいる限り、それは仕事になる

おわりに

「仕事とプライベート」という表現に、ずっとなんとなくの違和感を持ってきました。意味は理解でき、納得もできるのですが、自分の中にリアリティを持つことができない。これは、意識の切り替えが自分の中であまり行われていないからだと思います。

じゃあ、いったい私はいつもどんな意識で過ごしているのか。改めて考えてみると、ずっと仕事モードでいるような気がしてきました。このモードは、特にかしこまっていたり、緊張感が漂っていたりというものではありません。特に「世界と対峙する感覚」と表現できるように思います。そしてその「世界」の中に、家族も友人もクライアントも、景色も食事も時間の流れも、自分以外のすべての事象が含まれているということなのかもしれません。

仕事をするということは、自分の外にある世界と関わりを持つということだと思います。私は仕事が好きです。仕事を通して世界の秘密を少しだけ覗かせてもらい、成長の機会をたっぷりともらって、ここまで生きてきました。そんな私だから辿り着いた答えを、自由勝手にまとめさせていただいたのがこの本です。

1冊めのエッセイ『「美しい」のものさし』が、あまりにも独り言の集積だったため、今回は意識的に会話のフォーマットを選んでみました。それがSNSをはじめとする窓口から届いた問いへのお答えとなり、賢人たちとの対談となったわけです。それなのに、いざこうしてまとめてみると「また、独り言を綴ってしまった……」という感覚になってしまうのはなぜなのでしょうか。不思議でなりませんが、それでもこの本が、どこかの誰かにとっての気晴らしや、発見の糸口や、出発の予感に繋がったとしたら、大変嬉しく思います。

改めて、対談のオファーを快く引き受けてくださり、仕事というものへの視野を広げる数々のお言葉をくださった、小谷実由さん、石田真澄さん、しいたけ．さん、松浦美穂さん、本島彩帆里さん。そして1冊めに続き、今回もチームを組んでくれた装丁・米山菜津子さん、写真・長田果純さん、編集・中村陽子さん。心より感謝申し上げます。

桜が咲きそうで咲かない、うららかな春の日に　ＡＹＡＮＡ

AFTER HOURS

私たちの仕事に欠かせない三種の神器

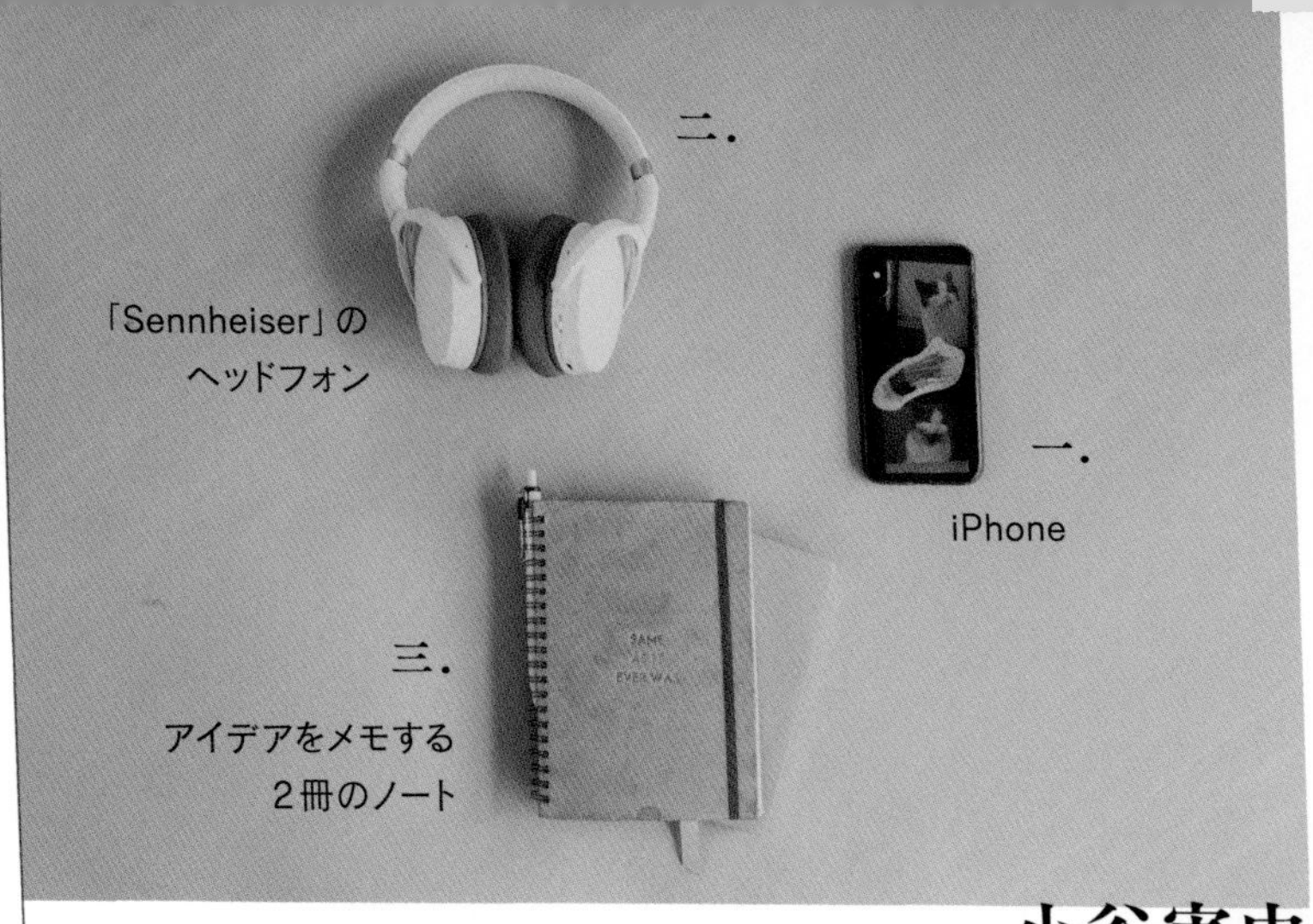

小谷実由

1

いつどこでも、目にしたものや感じたことを投稿できる私の発信源です。外に向けて発信することが、私にとってはすごく大事な仕事の一部だと思っているので、三つの中ではもっとも重要なアイテムかもしれません。内蔵のメモ機能も重宝していて、思いついたことをなんでも自由に書いています。

2

音楽を聴くと気持ちの切り替えができるので、私にとってヘッドフォンは欠かせないアイテムです。仕事から別の仕事への移動中や、仕事前の緊張しているときに、好きな音楽を聴いて気持ちを切り替えたり、落ち着かせていたり。ヘッドフォンという物自体もかわいくて愛着があります。落としそうで怖いのでワイヤレスイヤフォンは挑戦できないんです。

3

青いものはAYANAさんからいただいた「SMYTHSON」。このノートをPodcastでなにを話すか考えてメモしています。書き終えたら充足感でいっぱいだろうなとワクワク。打ち合わせやエッセイの案を書くノートは表紙や用紙をカスタムできる「HININE NOTE」で作りました。ノートのポケットに推しのビジュアルを忍ばせて仕事の合間に眺めています（笑）。

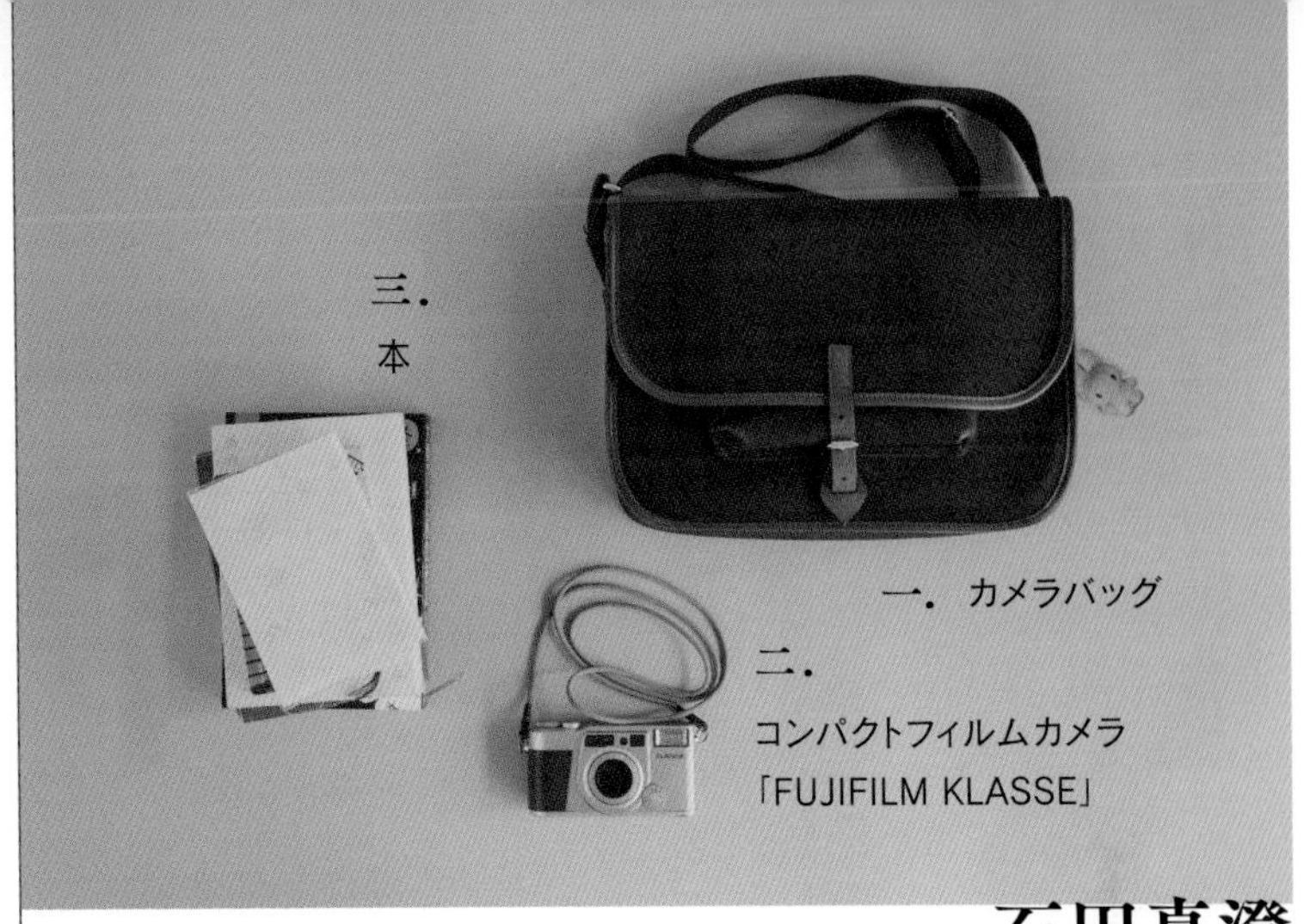

石田真澄

1

機能性が高い黒のカメラバッグも持っていますが、街を歩きながら撮るような少しラフな撮影の際には、自分が好きだと思えるバッグを身につけていたいと思って探していたんです。それで出合ったのが「L/UNIFORM」のキャンバス地のカメラバッグ。好きなネイビーをセレクトして、韓国ブランド「JICHOI」のうさぎのキーホルダーをつけています。

2

機材としての神器ではなく、趣味としての神器なのですが、仕事の日も、そうじゃない日も、コンパクトフィルムカメラは毎日持っていきます。撮影の休憩中や空き時間に、道すがら写真を撮ったりすることも多々あるので、いつも一緒ですね。「FUJIFILM KLASSE」に好きなパープルのストラップをつけています。

3

撮影は空き時間、休憩時間、ロケバスでの移動時間など、待つ時間がわりと長いので、基本的にはなにかしら1冊、本を持っておきたいという気持ちがあります。ジャンルを問わず、小説やエッセイ、文芸誌など、活字のものを持参しています。プライベートでは漫画も沢山読むのですが、仕事中は読まないので、活字の本を意識的に選んでいます。

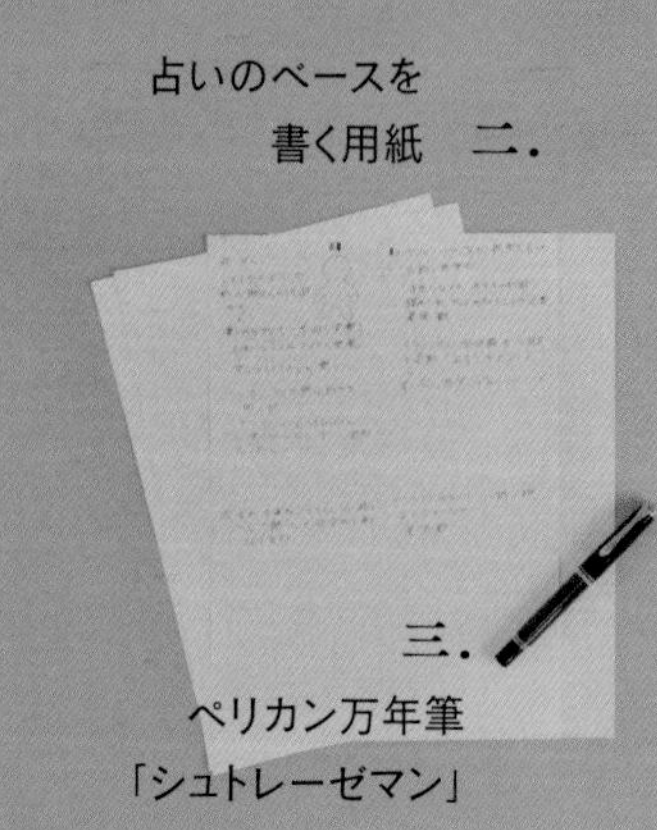
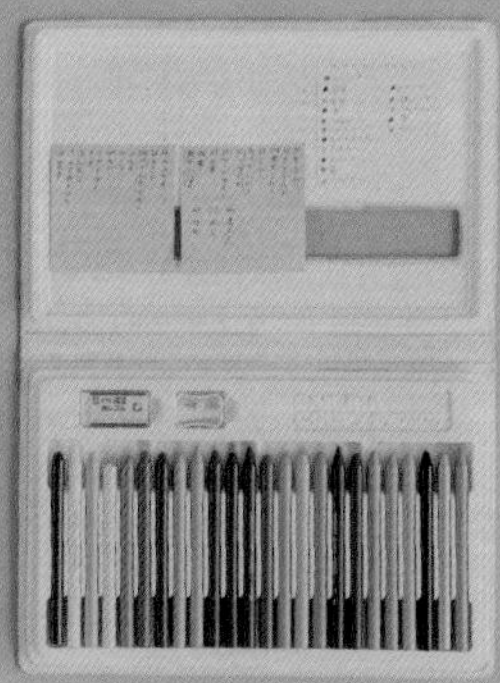

占いのベースを書く用紙　二.

三. ペリカン万年筆「シュトレーゼマン」

一. 「サクラ」クーピーペンシル 24色

しいたけ.

一.

クーピーはオーラの色を示すときに使っています。クーピー1本1本に、番号と色の名前が書いてあるので、使う色のクーピーの番号と色の名前を付箋に書いて貼っています。なくなった色があれば1本単位で補充。「おひつじ座のオーラの色は●●」といったように、オーラの色をキンマリ用紙に少しだけ塗っています。

二.

最終的にはパソコンで原稿を執筆しますが、最初はA4のコピー用紙に手書きで占いのベースを書いています。真っ白な紙だと緊張してしまうのですが、このキンマリという紙は優しい風合いなので、気に入って長年使っています。用紙を4等分に分けて、オーラの色はクーピーで、内容や本文の書き出しなどを万年筆で書き込みます。

三.

占いのベースを書くときや日記を書くときは万年筆を使っています。中のインクを変えられるんですが、色を少しずつ配合して変えたりするのが楽しい。同じ黒の中でも色々な黒があって、同じ青でも色々な青がある。そんなふうに自分好みの色にカスタマイズして愛用しています。なんだか化粧品みたいですよね。

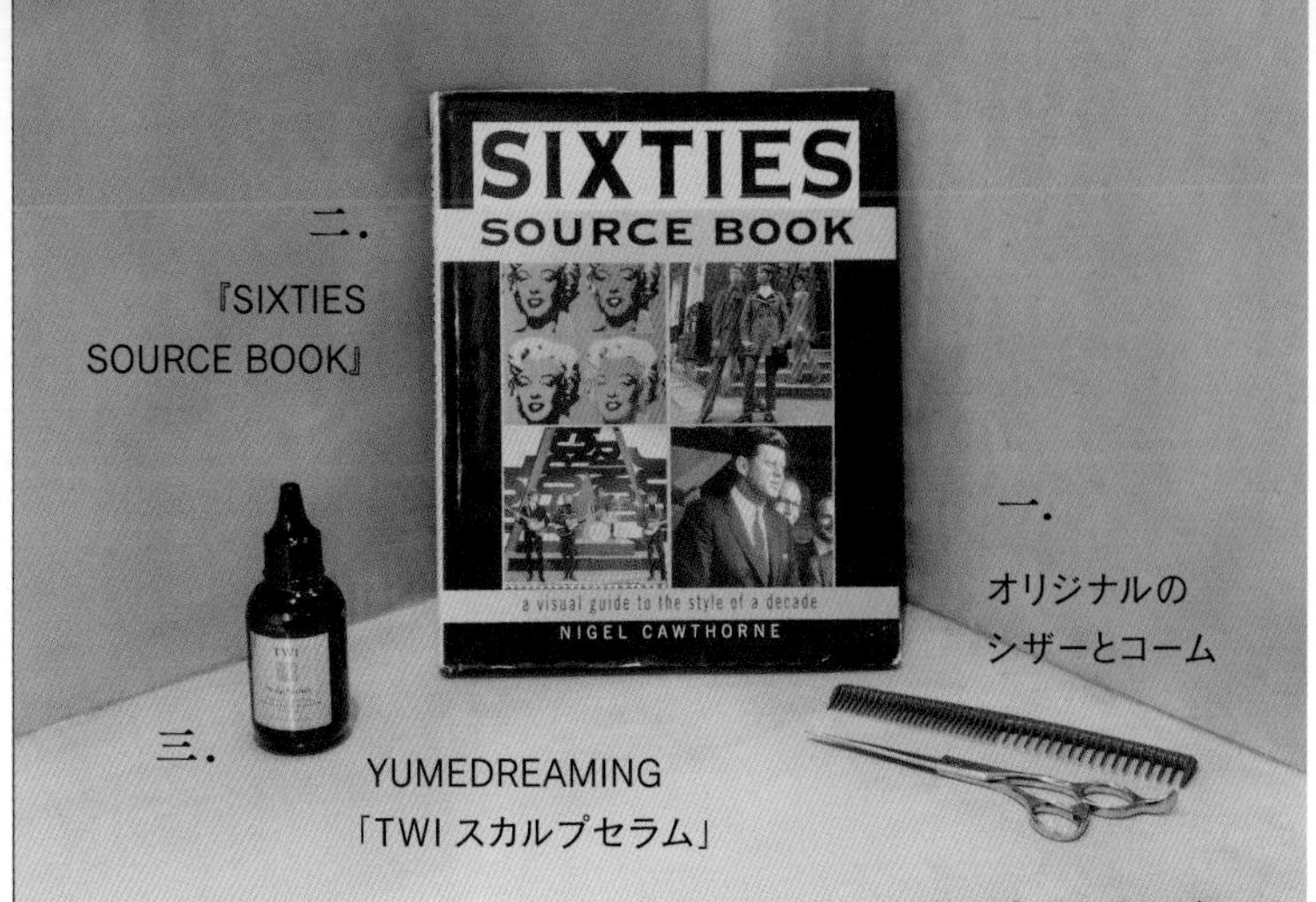

松浦美穂

一.

これが一番の仕事道具なので、火事があったらまっさきにはさみとコームを持って逃げますね（笑）。最初に使った「マツザキ」という伝統ある日本のブランドのはさみからスタートし、行きついたのがいま使っているオリジナルのはさみ。はさみ職人のかたと相談しながら紆余曲折を経てできました。お値段は張りますが、私とお客様を繋ぐ「信頼」として、大切に使っています。

二.

私の原点である60年代カルチャー。この本は、当時の時事やファッション、アートまで網羅した、新聞のような本なんです。こんな時代背景だったからこういう生き方が生まれた、このライフスタイルからこんなファッションが生まれた、といったようにいろいろなものの背景まで知ることができました。私の視覚を教育してくれた、貴重な存在です。

三.

「人にも地球にも優しい」をテーマとした製品作りの中で、もっとも大切な存在の頭皮用美容液。シャンプー後に、化粧水を肌に浸透させるイメージで頭皮になじませるんです。その後、手をグーにしてしっかりマッサージを3セット。これをやると、次の日髪の毛がふわっとしてへたらないんです。頭皮を育てて、いい髪を生やすための漢方だと思ってぜひ使ってみていただきたいです。ヘア用のかっさでマッサージしてもいいですよ。

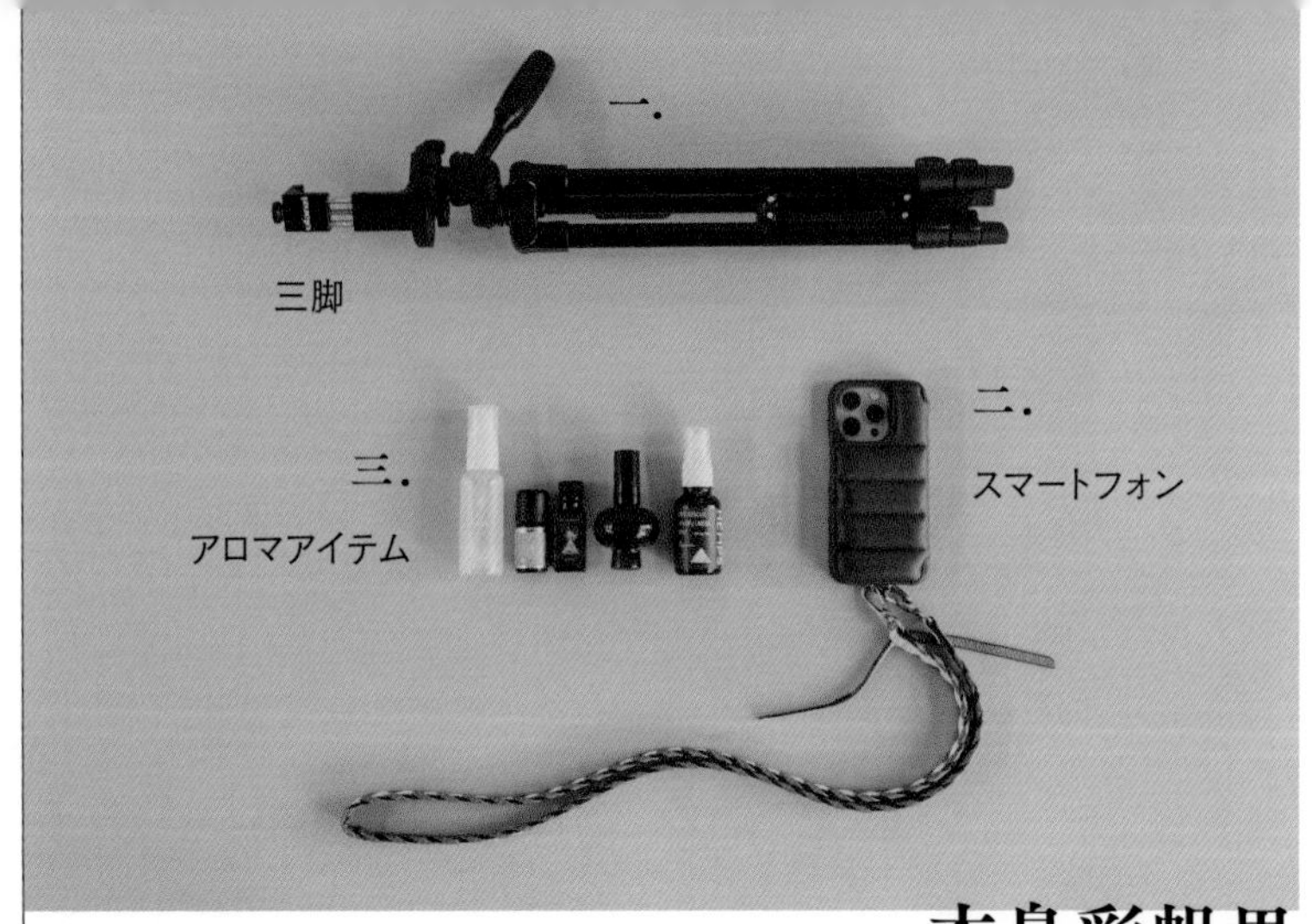

本島彩帆里

一.

三脚は動画を撮るのには欠かせないですね。日のある時間帯に、自然光で撮ります。大体の動画は自宅でひとり、角度や写りかたまで自分で調整し、試行錯誤しながら撮っています。携帯で撮るほうが慣れているので、動画用のカメラは使っていません。編集も自分でなんとか携帯上でやっています。

二.

動画を撮るのも、動画の編集も、編集した動画をインスタグラムに投稿するのもスマホなので、これは私の生命線ですね。社内のチームとSlackでやり取りするのもスマホでチェックしてその場で返信しているので、仕事にまつわる作業は大体これ1台で済んでいます。本の執筆をするときはさすがに長いのでパソコンで書きますが。

三.

仕事中のリフレッシュはもちろん、仕事で外出するときに持ち歩いたりも。オンオフの切り替えにもなっています。(左から)「aroma-pathi」エナジースプレー、「PRIMAVERA」グレープフルーツ bio、「HEMPS」CBD RESCUE マインドフルネスオイル -Beyond-、眠れるアロマ専門店「kukka」エッセンシャルオイルミスト、「HEMPS」CBD RESCUE マインドフルネスミスト。

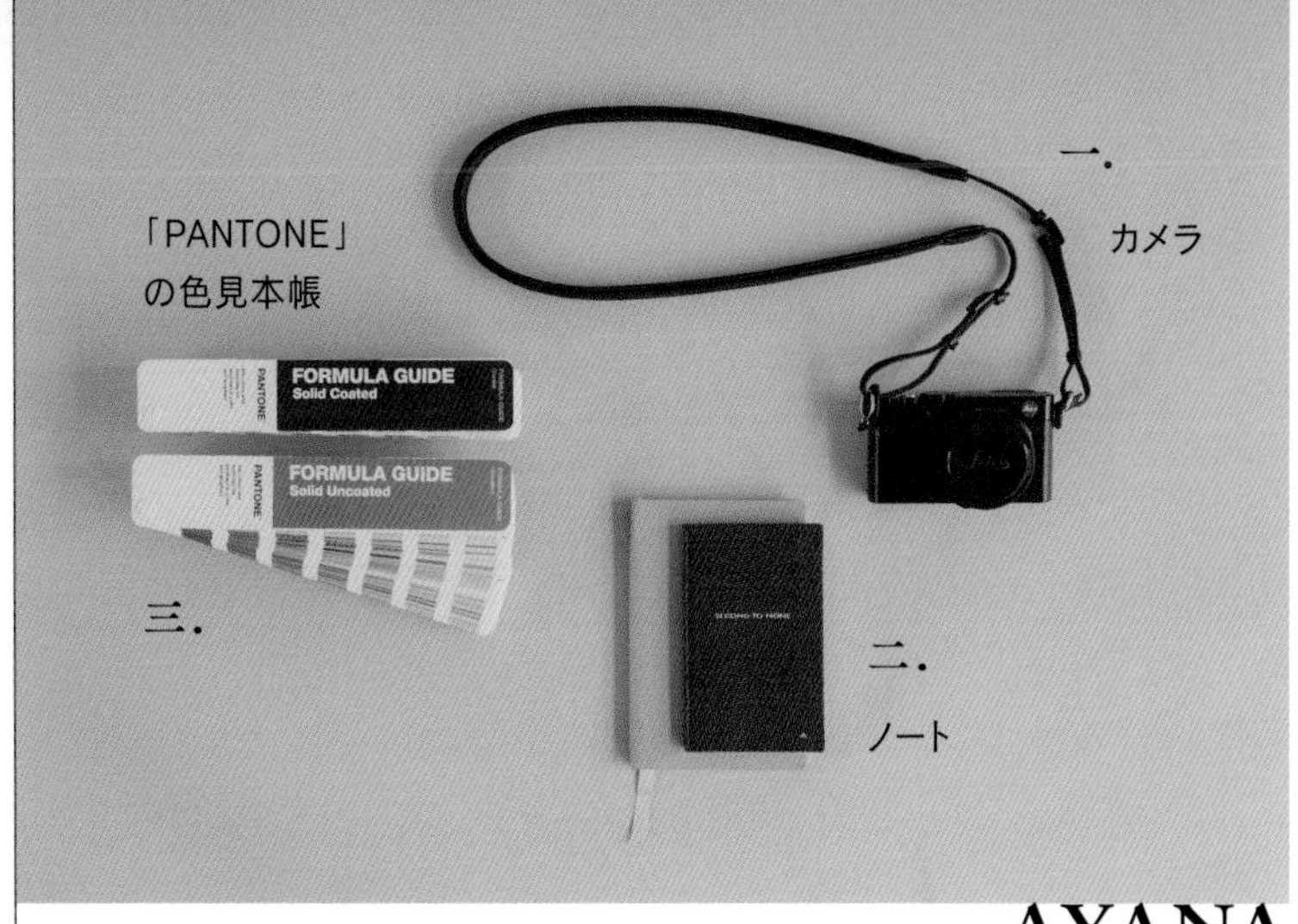

AYANA

一.

大学生の頃から写真を撮るのは好きで、何台かのカメラをいままで所有してきました。アナログのフィルムカメラで撮って絹目でプリントするのが好きで、それに近い雰囲気に仕上がるのがいま使っている「Leica」のコンパクトデジタルカメラ。ビューティの新商品発表会など仕事での機会はもちろん、道端で出合うふとした景色を撮ることが多いです。カラー開発のインスピレーションや、SNS投稿の素材になることも。

二.

ノートは毎年新調することを意識しています。1冊はなんでも書いていい自由なノート。目標を書いたり、読んだ本の感想、しいたけ．さんの半期占いを出力して貼ったり。今年は日記もこまめに書いていきたい。色々すぐ忘れてしまうので、読み返すと発見があるんです。もう1冊はバケットリスト用。前に書いていたものをもっと具体的に書き直そうと思っています。

三.

「OSAJI」のメイクアッププロダクトのカラー開発に使っているものです。「PANTONE」は世界共通なので、番号さえ伝えれば間違いなく同じ色が開発チームにも伝えられます。ほかにもさまざまなものを色見本として使いますが、見本帳はこれ1本。普段から「PANTONE」を眺めていいなと思った色の部分には付箋を貼っておいたりしています。

AYANA――――ビューティライター

コラム、エッセイ、インタビュー、ブランドカタログなど広く執筆。化粧品メーカー企画開発職の経験を活かし、ブランディングや商品開発にも関わる。２０２１年、エッセイ集『「美しい」のものさし』（双葉社）を上梓。文章講座EMOTIONAL WRITING METHOD（#エモ文）主宰、OSAJI メイクアップコレクションディレクター。

仕事美辞（しごとびじ）

2024年6月22日　第1刷発行

著者　AYANA（アヤナ）

発行者　島野浩二

発行所　株式会社 双葉社

〒162-8540

東京都新宿区東五軒町3番28号

☎03-5261-4818（営業）

☎03-5261-4835（編集）

http://www.futabasha.co.jp/

（双葉社の書籍・コミック・ムックが買えます）

印刷所　中央精版印刷株式会社

装丁　米山菜津子

写真　長田果純

校正　谷田和夫

編集　中村陽子

ISBN978-4-575-31882-1 C0095